U0022338

宗教文庫

經典頌古

吳言生 著

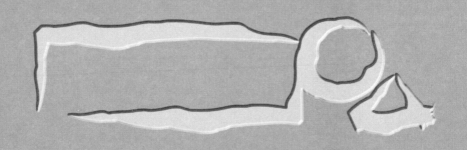

東大圖書公司

自　序

禪宗思想體系，由本心論、迷失論、開悟論、境界論四大基石構成。本心論揭示自性的澄明質性，迷失論揭示自性的迷失緣由，開悟論闡明開悟成佛的方法，境界論體證頓悟成佛的境界。禪宗為了表示這個體系，運用了電光石火的公案，以及吟詠公案的頌古。

禪最有特色的形式是公案。廣義地說，禪宗祖師的「上堂」所發表的看法（「話頭」）是公案，師徒間、弟子間的「機鋒」（機鋒語句）、現存的全部禪師語錄，也都是公案。公案既是探討祖師思想的資料，又是判斷當前禪僧是非的準則。禪宗將這些公案（古則），用簡潔而精當的偈頌來加以吟詠，稱為頌古。

頌古的本意在於使讀者於諷詠吟頌之間體會古則的旨意，是禪文學的一種形式。其中雪竇重顯禪師(980～1052)的《頌古百則》，意境渾融，風格高華，語言洗鍊，是禪文學的珠峰。而它之所以喧傳禪林，與圓悟克勤(1063～1135)《碧巖錄》對它的評唱密不可分。頌古以詩歌形式對公案加以吟唱，仍然是繞路說禪，對於悟性不高的人來說，如蚊咬鐵牛，難為下口。因此，有必要對頌古進行再闡釋，以適應教禪和學禪的要求，緣此，《碧巖錄》應運而生。在圓悟看來，禪是另

一種佛經，是活潑潑的佛經，禪與佛經本來就是一而二、二而一的。因此,《碧巖錄》把公案、頌古和佛教經論結合起來，從禪宗基本理論出發，對疑義叢生的公案一一解釋，並加以引申發揮。在生動精警的語言中，禪機潑剌剌地躍動。由於這個緣故，他對公案的解釋為禪林所普遍接受，以至於出現了《碧巖錄》熱,《碧巖錄》成了禪宗的新經典，成為古今公認的「禪門第一書」。

　　本書在總體把握禪宗思想的基礎上，立足於禪本義的立場，對吟詠百則公案的頌古進行分析、欣賞。這些頌古自古以來即喧傳禪林，是經典頌古。頌古是吟詠公案的詩歌，與公案密不可分，下面就從禪宗思想角度對這些公案、頌古作一分類，略作勾勒，以使讀者了解本書的基本內容和輪廓。

一、　經典頌古與禪宗的本心論

　　見性成佛是禪宗的終極關懷。禪宗認為，本來自性無形無相，以般若智慧覺知自心真性，徹見本源，彰顯本來面目，即是見性成佛。

　　自性的特點是超越性。一切相對的二元觀念，在澄明的自性中都得到了超越。表達超越相對之禪悟體驗的有「廓然無聖」(No1)。梁武帝問達摩「如何是聖諦第一義」，摩云:「廓然無聖!」所謂聖諦第一義，是最為殊勝、深妙無上的真理。達摩以「廓然無聖」將武帝凡聖對立的觀念粉碎無餘。

雪竇頌古，以「聖諦廓然」四字，指出寥廓如萬里晴空般的聖諦，是纖雲不駐一法不立的絕對真心，不容計較思量、辨得辨失。「廓然」中連「聖」也沒有，遑論「識」與「不識」。頌古大開大闔收放自如地吟詠了自性的超越性。

　　表現自性超越性的，還有「丹霞問僧」(No76)、「《金剛》罪性」(No97)、「風穴一塵」(No61)、「廚庫三門」(No86)、「趙州三佛」(No96)、「無縫塔」(No18)、「妙觸宣明，成佛子住」(No78)、「吾不見時，何不見吾不見」(No94)、「遍身是手眼，通身是手眼」(No89)等。《金剛經》說由於這一生能承受得了別人的歧視，善力強大，過去所造的罪業就會因此而消失。「《金剛》罪性」對此種觀念進行了深刻的反思，雪竇頌古「胡漢不來，全無伎倆」，表達了禪者超越迷悟、賞罰、因果、善惡的感悟；「無縫塔」象徵超越形相的渾整的自性，雪竇以「層落落，影團團」暈染出無縫塔的特性，是自性的傳神寫照。

　　自性的超越性之一是身心脫落，即脫卻身心的一切煩惱妄想，而躍入真空無我的自由之境。表現此種禪悟體驗是「體露金風」(No27)。樹木凋零、金風颯颯的晚秋清景，象徵消除煩惱、脫落悟心的清純心境。雪竇頌古，展示出大野廣袤，涼風颯颯，長天一碧，疏雨濛濛的境象，暗示只有忘我地沒入大野涼風長天疏雨之中，物我雙忘，心境一如，才能超越永恆與短暫、榮盛與衰落、煩惱與菩提的對立。

　　青青翠竹盡是法身，郁郁黃花悉是般若。表達自性遍在的禪悟體驗有「六不收」(No47)、「藥病相治」(No87)。僧問

雲門:「如何是法身?」門云:「六不收。」法身不受六根門戶的局限,而能超越六根、六識的限制和六塵的障礙。雪竇頌古以神龍天矯之筆,寫出法身忽在少林,忽在天竺;既在天竺,又在少林的處處無身處處身之特性。

由於自性的超越性,它往往以迴超常情的形式顯發妙用。表達自性出格機用的,有「拄杖化龍」(No60)。雲門示眾:「拄杖子化為龍,吞卻乾坤了也!」拄杖化龍,「個」回歸到它的根源「超個」,「超個」也成為「個」而復活現前。雪竇頌古「拄杖子,吞乾坤」,提示人們摒落情識妄解,顯發大機大用;「金牛作舞」(No74)、「南山鱉鼻蛇」(No22)傳達出自性當機大用的遊戲三昧;「乾坤一寶」(No62)、「透網金鱗」(No49)也對自性妙用作了超離情識的象徵。自性猶如「魚」,而世間種種煩惱猶如「網」,從束縛中解脫而出躍入自由自在之境,即是透網金鱗。雪竇頌古以「搖蕩乾坤,振鬣擺尾。千尺鯨噴洪浪飛,一聲雷震清飆起」的壯浪氣勢,描摹自性顯發雄奇奔放的活潑大用,使人感受到金鱗透網的自在與通脫。

二、經典頌古與禪宗的迷失論

對自性沉迷的反省構成了禪宗思想的第二個主要部分。迷失論反省本來面目失落的緣由。禪宗認為,人的本來面目清純無染,隨著自我意識的產生,人們陷於二元對待的觀念

之中，從而導致了自性的蒙受沉垢。殊不知清明的自性，仍存在於我們每個人的生命深處。這是禪宗反思本心迷失的基本觀念。禪宗經典頌古對此有生動的表現。

表現對本心迷失之反省的，有「鏡清雨滴聲」(No46)。自己與雨滴聲合而為一，即是無心的世界。雪竇頌古指出簷前雨滴公案機鋒之陡峻，連見地透徹的久參禪客也難以酬對。「若謂曾入流，依前還不會」，用《楞嚴經》意旨，說縱使「入流」（進入法性之流），「亡所」（所聽的聲音聽不見了），一念不生，也仍然沒有進入禪的大門。

本來面目淨裸裸赤灑灑，顯發大機大妙用。由於受到了諸塵的障蔽，以致於人們不能認識它，不能直下承擔，使之顯發光明。象徵自昧本心的，有「鹽官犀扇」(No91)、「玄沙三種病人」(No88)等公案。禪宗時時刻刻以究明心地為念，鹽官以犀牛扇子作為象徵，提醒人們迴光返照，以看到自己的本來面目。雪竇頌古意謂每個人都有一柄犀牛扇，在生命的各種情境，都仰仗其發揮作用，它是生命的本源。但當師家詢問它時，學人卻並不知道自身本具，不嘗迷頭認影，自昧衣珠。玄沙所說的三種病人並非指肉體上的盲、聾、啞，而是藉以喻指昧於真見、真聞、真語之人。公案的主旨是超越見聞覺知的分別妄想，撥落見塵明見性，蕩除妄心見本心。雪竇頌古謂其心不動如須彌山才是參禪者真正的受用處。悟者心靈了無塵埃，見似不見，聞似不聞，饑餐睏眠，脫落身心。

三、經典頌古與禪宗的開悟論

禪宗開悟論闡明開悟成佛的方法。禪宗迷失論指出，由於二元相對意識的生起，人們逐物迷己，失去了本來的家園。在禪宗看來，一切二元相對的觀念都是妄想，都是迷失。要獲得開悟，必須超越各種對立。這形成了禪宗思想的第三個重要部分，即禪宗開悟論。對於禪的靈魂公案來說，它所表現的開悟論是電光石火的頓悟法門，而非磨鏡調心式的漸修方法。在頓悟法門中，又以不二法門構成其理論基石。

禪宗的開悟論，主要以《維摩經》「不二法門」(Nọ84)等大乘佛教經典的思想為接機法門。凡是重在否定、剷除情識的禪門公案，其法實多是不二法門。這在公案頌古中主要表現為泯除揀擇、截斷意路、語默不二、自他不二、生死不二、聖凡不二、空有不二等。「揀擇」是相對，泯除揀擇的手段是不二法門，這類公案與頌古主要有「至道無難，唯嫌揀擇」(Nọ2、Nọ57、Nọ58、Nọ59)、「俱胝一指」(Nọ19)、「禾山解打鼓」(Nọ44)、「雲門胡餅」(Nọ77)、「雲門花藥欄」(Nọ39)、「洞山麻三斤」(Nọ12)等。

趙州拈《信心銘》「至道無難，唯嫌揀擇」示眾，說要體會大道，並無困難，關鍵在於泯除分別念。雪竇頌古：「一有多種，二無兩般。天際日上月下，檻前山深水寒。髑髏識盡喜何立，枯木龍吟銷未乾。」謂本體是一，現象是二。絕對的本體通過紛紜的事相顯現出來，紛紜的事相顯現著絕對的本

體。「至道」非分別之識所知，只有將心識滅盡，才能大活。

　　在機鋒作略上較前一類更為孤峻的截斷意路的公案與頌古，有「南泉斬貓」(№63)、「趙州頂鞋」(№64)、「對一說」(№14)、「倒一說」(№15)、「坐久成勞」(№17)、「鎮州蘿蔔」(№30)、「隨他去」(№29)、「前三三後三三」(№35)等。僧問香林「如何是祖師西來意」，林云：「坐久成勞。」香林之答，使人自然而然地把擔在肩上的一切問題放下，使煩惱菩提一齊消泯，變成瀟瀟落落光風霽月的狀態，具有一切超越、一切脫落之境。雪竇頌古「脫卻籠頭卸角馱」，即是以駑馬戴籠頭負角馱喻參學者背負妄念之重，以脫籠頭卸角馱比喻「坐久成勞」之語滌蕩妄塵。

　　表現語默不二、迴超言筌禪機的，有「閉嘴如何說禪」(№70、№71、№72)、「外道問佛」(№65)、「離四句絕百非」(№73)、「文殊白槌」(№92)、「大士講經」(№67)等。外道問佛：「不問有言，不問無言。」世尊良久，外道讚歎云：「世尊大慈大悲，開我迷雲，令我得入。」雪竇頌古活脫脫地畫出了超越語默的冰雪澄明之境。

　　表現自他不二、能所雙亡禪機的，有「珊瑚撐月」(№100)、「仰山遊山」(№34)等。僧問巴陵：「如何是吹毛劍？」陵云：「珊瑚枝枝撐著月。」吹毛劍象徵般若智劍，一切無明妄念都不可棲泊。心光炳射，即是珊瑚玉枝撐映天際明月。雪竇頌古以「倚天照雪」讚歎光境雙亡，透體澄明，頭頭物物，皆是吹毛，啟發學人迴光返照，看取人人具足、個個圓成的般

若自性。

　　表現生死不二、斷常一如之禪悟體驗的，有「日面佛，月面佛」(No3)、「大龍堅固法身」(No82)、「洞山無寒暑」(No43)、「生也不道，死也不道」(No55)等。僧問大龍：「色身敗壞，如何是堅固法身？」龍云：「山花開似錦，澗水湛如藍。」大龍以山花澗水的當體即是實相，表示五蘊和合之身即金剛不壞之法身。雪竇頌古「手把白玉鞭，驪珠盡擊碎」，謂大龍之答提示色身即法身，斬斷學人色身敗壞法身堅固的妄執，將學人尊貴得如驪龍頷下寶珠似的謬執，一擊粉碎，將學人斷常的意識劃除，以使之灑灑落落。

　　表達不居聖境、聖凡不二之禪悟體驗的，有「資福圓相」(No33)、「保福遊山」(No23)、「蓮花拄杖」(No25)、「長沙遊山」(No36)、「國師十身調御」(No99)等。長沙遊山，以「始隨芳草去，又逐落花回」顯示住於無所住處、去來任運的禪悟三昧。雪竇頌古引此二句，謂徹悟的禪者，能由凡入聖，由色界悟入空界，如遊人登山，隨芳草而直到孤峰頂上。但於已證之後，不高踞聖位，沉空滯寂，而有轉身一路，如遊人隨落花而重返人間；又以「羸鶴翹寒木，狂猿嘯古臺」批評能寂而不能動、不能回機起用、缺乏轉身一路的人，枯坐蒲團，好似羸瘦的孤鶴棲息在寒冷的樹木，宛如狂猿覓果哀嘯於荒古的石臺，了無生機活趣可言。

　　表現空有不二、死中得活禪悟體驗的，有「禪板蒲團」(No20)、「大死卻活」(No41)、「麻谷振錫」(No31)等。龍牙先

後問翠微、臨濟「如何是祖師西來意」，被兩人用禪板蒲團所打，這是因為龍牙把禪片面理解為否定一邊，以「無」為禪，唯將「無」的否定方面來應用。翠微與臨濟，都是超過了否定和肯定、差別和平等的向上義，提示非禪道、非佛道、超越凡聖的向上一著。雪竇頌古：「龍牙山裡龍無眼，死水何曾振古風」，感歎龍牙本欲向翠微和臨濟張牙舞爪，卻不能當機運用禪板、蒲團，只不過是一條瞎龍，墮入死水，了無生意。死水，沒有掀天綱倒地軸的怒濤活力，所以難以振起達摩的真風。

　　禪宗開悟論注重石火電光，箭鋒相拄的機鋒。禪宗公案中，有相當豐富的部分表現禪宗對機，這主要表現為擊節機鋒迅疾、讚歎機鋒互換、激賞大機大用、貶斥機鋒遲鈍等方面。禪宗對機，講究機機相副，如激箭流星般鋒鋩相拄。

　　考鏡機鋒的高低深淺、讚歎機鋒迅捷的，有「啐啄之機」（No16）、「德山到溈山」（No4）、「翠岩眉毛」（No8）、「風穴鐵牛機」（No38）、「一切聲是佛聲」（No79）、「定上座開悟」（No32）、「劉鐵磨到溈山」（No24）、「明招茶銚」（No48）、「雲門問僧」（No54）、「獨坐大雄峰」（No26）等。

　　表現機鋒互換的，有「慧寂慧然」（No68）、「烏臼問僧」（No75）、「末後句」（No51）等。禪宗對大機大用特別重視，「好雪片片」（No42）、「塵中塵」（No81）表達了對大機大用的讚歎。在禪者看來，真正的大機大用，是返璞歸真的大巧若拙。看似平易尋常，實則是脫落鋒鋩的至淳至樸的極境，這以「趙

州石橋」(№52)、「趙州四門」(№9)為代表。僧問趙州:「久響趙州石橋,到來只見獨木橋。」州云:「汝只見獨木橋,且不見石橋。」僧云:「如何是石橋?」州云:「渡驢渡馬。」獨木橋喻機鋒的淺狹。趙州之答,於平實之中,顯出崑崙擎天石橋渡世的雄闊之氣。雪竇頌古「孤危不立道方高」,指出壁立萬仞的機法固然能顯出孤危峭峻,卻不如不立孤危的機法之高。這一類大師只須運用平常的作略,即可得心應手左右逢源,不立而自立,不高而自高。超越奇特,才是真正的奇特。

禪宗在讚賞機鋒相拄的同時,對機鋒遲鈍予以批評,主要有「如來二種語」(№95)、「睦州問僧」(№10)、「大光野狐精」(№93)、「西院二錯」(№98)、「桐峰大蟲」(№85)、「黃巢後劍」(№66)、「一鏃破三關」(№56)等。雪竇在相關的頌古中,以「臥龍不鑑死水」、「二俱成瞎漢」、「曹溪波浪如相似,無限平人被陸沉」等詩句,生動地表達了對黏著名相、膠柱鼓瑟、把纜放船、落於鈍機者的批評。因為扶籬摸壁摹擬沿襲,缺乏真參實悟的優孟衣冠,不能自作主宰的盲禪,只能導致禪悟慧命的喪失。此類公案及頌古,表達了對腳踏實地、天風海雨般禪風的殷切期待。

四、經典頌古與禪宗的境界論

禪宗以徹見本來面目為終極關懷。為了重現本來面目,禪宗運用不二法門,通過般若智觀,來粉碎迷情,回歸於生

命源頭。當此之際的禪者，以禪悟慧眼觀照世界，悟者的身心與其所觀照的對象，都通體澄明，晶瑩明潔，玲瓏剔透，熠熠生輝。禪宗審美境界的範型是一切現成現量境、水月相忘直覺境、珠光交映圓融境、饑餐睏眠日用境。禪宗經典公案頌古對此有精彩生動的表現。《頌古百則》涉及到的主要有前三類。

現量境以山水佛性一切現成剿絕情識為主。象徵、吟詠一切現成現量境的公案、頌古，占有很大的比重，主要有「三界無法」(№37)、「缽裡飯，桶裡水」(№50)、「雲門十五日」(№6)、「汝是慧超」(№7)等。盤山垂語云：「三界無法，何處求心？」雪竇頌古：「三界無法，何處求心？白雲為蓋，流泉作琴。一曲兩曲無人會，雨過夜塘秋水深。」詩用公案成句，描畫出一幅幅美麗如畫的景色，使其如其本然地呈現，摒落了一切主觀意念的成分。一切現成的基礎是本來現成，即自性之光人人本具。參禪者認識到本來現成、本來是佛，便形成了鼻孔朝天、否定權威的精神氣度，表現這類禪悟體驗的公案及頌古有「黃檗噇酒糟漢」(№11)、「南泉圓相」(№69)等。

直覺境注重「應無所住而生其心」。水無留月心，月無蘸水意，水月相忘，高華明潔，是禪者「觀」物的特有方式。表現無住生心的有「急水上打球」(№80)、「銀碗裡盛雪」(№13)、「花如夢」(№40)等。學人問初生孩子有沒有六識，趙州答急水上打球，轉眼就流過。其僧又問投子趙州之語意旨如何，投子說：「念念不停流。」雪竇頌古謂修行到了一定

境界，跟嬰兒一樣，雖有六根，對六塵卻不加分別。一念一念流轉不停，念念皆是正念相續。

　　圓融境界猶如珠光交映，在圓融之境中，大小、廣狹、南北、體用、一多、自他、心境……都圓融互攝，融瓶盆釵釧為一金，攪酥酪長河為一味。

　　表現大小圓融禪悟體驗的，有「大地如粟米」(№5)。雪峰示眾云：「盡大地撮來如粟米粒大。」旨在破除大小廣狹等情見偏執。雪竇頌云：「牛頭沒，馬頭回，曹溪鏡裡絕塵埃。打鼓看來君不見，百花春至為誰開？」芸芸眾生漂溺苦海輪轉識浪，猶如牛頭沒馬頭回。而悟者心明如鏡，不受生死輪轉的干擾，沒有漂泊邅流的波動，對外境了了感知，證得了廣狹一如、小大相即的般若智觀。百花春至，即是為那些物我雙泯、能融入百花深處的有心人而開。

　　表達一多圓融禪悟體驗的，有「萬法歸一」(№45)。僧問趙州：「萬法歸一，一歸何處？」州云：「我在青州，作一領布衫，重七斤。」萬法歸於一，而一是絕對的存在，所以絕對的一也會回歸於現象。有歸於空，空歸於有，有空一體，即是省悟的世界。

　　表現南北圓融禪悟體驗的，有「南山起雲，北山下雨」(№83)、「不是心，不是佛，不是物」(№28)。雲門示眾云：「古佛與露柱相交，是第幾機？」自代云：「南山起雲，北山下雨。」雪竇頌云：「南山雲，北山雨，四七、二三面相睹。」謂南山北山一體，起雲下雨圓融。諸佛諸祖之奧妙世界與現

前之事物諸相，彷彿是截然無關的個別法，卻親切交契渾然一體而無所分別。西天與東土祖師生存的時空各異，如果從東西互存南北一體的完整圓融性來看，則自然可以了達其親切相交一體無別之境界。

表現體用圓融禪悟體驗的，有「智門蓮花」(№21)、「般若體用」(№90)。僧問智門：「蓮花未出水時如何?」智門云：「蓮花。」僧云：「出水後如何?」門云：「荷葉。」蓮花雖未出水，但其性質已經具備，喻自性未發生作用以前，一切妙用已經存在，以後由體起用，均係自性的妙用。蓮花以荷葉為根本，喻現象為自性所涵攝。

表現心境圓融之禪悟體驗的，有「野鴨子」(№53)。在野鴨子公案中，百丈心隨境轉，馬祖遂扭其鼻孔。百丈經這一扭，豁然省悟到原來馬祖問野鴨子飛到哪裡去，並不是要研究野鴨子的去向，因為野鴨子的動相是生滅法，馬祖是要自己在這一問語上體悟到不生不滅的自性。百丈在忍痛失聲的剎那，驀然開悟。雪竇頌古凸顯了公案禪機：當體得萬境悉是真如而現前時，心境一如，打成一片，萬境即是自己，自己即是萬境。

筆者依照上述對禪宗思想、公案之體證的思路，撰成本書，探討了禪宗經典頌古一百則，盡可能地揭示出它們的禪悟內涵、運思方式、美感特質。禪宗經典頌古表現了本心論、迷失論、開悟論、境界論，自成一個完整體系，首尾相銜，形成了正（本心論：本心的澄明）、反（迷失論：本心的迷失）、

合（開悟論：躍入澄明之境；境界論：體證澄明之境）的回環，彰顯著人類精神不斷提昇臻於光華圓滿之境的心路歷程。

　　頌古是禪文學的珠峰，但向來被研究者視為畏途。筆者不揣譾陋，探討、欣賞一百則經典頌古，希望通過本書，讀者諸君能夠感受到經典頌古的魅力與神采，對禪宗思想、思維、詩歌，有較為生動、深刻的了解。在當前同類著作還比較匱乏的情況下，筆者很願意以本書作為引玉之磚。

經典頌古 目次

自　序

公案頌古與本源心性　　1

　本心的超越　　8

　本心的迷失　　47

公案頌古與不二法門　　53

　泯除揀擇　　58

　截斷意路　　74

　懸擱語言　　86

　消解自他　　96

　融匯生死　　101

　打通聖凡　　110

　圓融空有　　120

公案頌古與禪門機鋒 129

　　擊節機鋒迅疾　131

　　讚歎機鋒相酬　142

　　激賞大機大用　154

　　批評機鋒遲鈍　161

公案頌古與禪悟境界 173

　　一切現成　175

　　能所俱泯　186

　　圓融互攝　194

　後　記 209

公案頌古與本源心性

心上的妄念，猶如水上的浮塵與波紋。
漚生漚滅，以及浮塵與波紋的變化，
始終改變不了水性。
只要心如止水，靜觀心波，
浮塵的變化，皆如夢幻，
就能領悟到本心的實際。

　　本書主要分析一種特殊類型的禪詩，這就是頌古。頌古是禪詩園苑的奇葩，它與公案緊緊聯繫在一起。禪宗汲取大乘經典精華，使主張教外別傳的禪宗思想閃爍著大乘佛學的智慧之光。但禪之所以為禪，僅有理論的修養還遠遠不夠，還必須有現境的感興，才能觸發靈機，凝成禪韻詩情。從事藝術創作需要讀萬卷書、行萬里路，從事禪的「創作」又何嘗不然？如果把禪僧接受佛典的熏陶浸染看作讀萬卷書，那麼禪僧的遊學參訪、行住坐臥、出陂勞作、牧牛除草，則是行萬里路。兩者如車之兩輪，鳥之雙翼。而這後一方面的重要表現形式，便是禪門公案。公案是禪的靈魂，沒有公案，整部禪宗史便會轟然倒塌。

　　「公案」原指官府判決是非的案例，禪宗借用它指祖師名宿的言行範例，以供參學者從中領會禪的意旨。廣義地說，禪宗祖師的「上堂」所發表的看法（「話頭」）是公案，師徒間、弟子間的「機鋒」（機鋒語句）、現存的全部禪師語錄，也都是公案。禪師們在勘驗學人對禪的宗旨是否已經領會時，往往取公案加以參照。因而，公案既是探討祖師思想的資料，又是判斷當前禪僧是非的準則。禪宗將前代或當代禪師指導弟子所開示的公案（古則），用偈頌來加以表達，稱為頌古。頌古的本意在使讀者於諷詠吟頌之間體會古則的旨意，是禪文學的一種形式。《汾陽錄》中收錄了這類作品一百則，是有意識的大規模創作的開始，使頌古風氣大開。經由楚圓、慧覺、全舉以及文悅、可真、悟真等人的努力，將善昭鋪敘公

案式的文字，向不著死語的方向發展，使頌古創作蔚成大觀，
盛行於宋代以後的叢林。其中雪竇重顯、宏智正覺、無門慧
開等禪師均以頌古集而名重天下。汾陽頌古保持了簡勁質樸
的風貌，到了雪竇，開始追求意境的渾融、表達的含蘊、風
格的高華、語言的洗鍊，使頌古成為禪文學的巨擘，雪竇頌
古遂成禪文學的珠峰。但此風的末流，一味注重求新求奇、
浮華冗漫，又使頌古走向了否定自身生機的一途。

　　雲門宗雪竇重顯的《頌古百則》，是禪宗頌古的傑作。雪
竇重顯(980～1052)是宋代雲門宗僧，因久住雪竇山，後世多
以「雪竇禪師」稱之。著有《祖英集》二卷，《瀑泉集》、《拈
古集》、《頌古集》各一卷。其中《頌古集》對一百則公案進
行吟詠，禪林習稱為《頌古百則》。《頌古百則》之所以流布
禪林，與圓悟克勤《碧巖錄》的評唱大有關係。頌古雖然是
以詩歌形式對公案的吟唱，但它仍然是繞路說禪，因此有必
要對頌古進行再解釋，以適應教禪和學禪的要求。緣此，《碧
巖錄》應運而生。它的作者便是圓悟克勤(1063～1135)。圓悟
克勤在住持碧岩等地時，應無盡居士張商英和門人的請求，
根據禪林的需要，宣講唱說了雪竇重顯的《頌古百則》，門人
記下了它，彙集成書。因為叢林稱夾山為碧岩，所以這本書
就叫做《碧巖錄》。在圓悟克勤看來，禪是另一種佛經，是活
潑潑的佛經。因此，《碧巖錄》把公案、頌文和佛教經論結合
起來，從禪宗基本理論出發，對疑義叢生的公案一一解釋，
並加以引申發揮。《碧巖錄》是圓悟與古代禪師心靈的感應、

溝通，於詩一般的語言、石火電光的機鋒中，顯示佛禪的生命，是圓悟克勤從生命本源處流出的悟性靈性。在生動精警的語言中，禪機活潑地躍動。正是由於這個緣故，他對公案的解釋為禪宗所普遍接受，禪僧們都把它視為最主要的經典，人手一冊，朝暮誦習，以致出現了《碧巖錄》熱，《碧巖錄》成為古今公認的「禪門第一書」。《碧巖錄》表明，禪僧不僅重視直覺體驗，也重視知性思維的解悟，從一個側面反映出禪教融合的大趨勢，也反映了中國文化最高的美學特徵——詩禪合一。其機鋒峻峭的公案，精金美玉的言辭，充滿靈性的禪悟體驗，都令人驚歎不已。

　　《碧巖錄》是詮釋雪竇頌古的權威性著作，也是禪宗內部最有影響的禪詩研究專著。它立足於禪悟立場，用象徵性的語言，詮釋象徵性的公案，闡釋象徵性的禪詩，一般讀者閱讀起來難度極大。要讀懂《碧巖錄》，必須譯解三重象徵意義：每則公案的象徵意義、每首禪詩的象徵意義、每則評唱的象徵意義。而禪語的特徵之一便是意在言外、意義多元，每一則公案、禪詩、評唱都可以有多解，於體悟涵詠之際，必須立足於禪悟思維，置身於禪宗哲學體系，才可以趨近它們。否則，就如雲中霧裡，難睹其面了。

　　禪宗公案，給人以無限想像的再創造餘地。人們可以根據自己的體驗，來表達對公案的獨特「理解」，因此公案主旨在解讀過程中形成了意義多元的特質，這與它的「詩喻性」密切相關。對同一則公案，不同的人有不同的體會，這在公

案闡釋中是司空見慣的。圓悟在《碧巖錄》中對鋸解秤錘提
出的批評比比皆是，幾乎在每一則公案評唱中，對臆解公案
的現象都有批評，這為我們參究公案奠定了很好的心理基礎。
因為公案的手段乃是不二法門，公案的目的乃是滌塵除妄，
公案的境界乃是圓融互攝，與邏輯思維、知性解會格格不入。

　　詩歌最重要的藝術特徵是形象思維，形象思維的主要形
式是意象，意象的特徵是意義多元性。同一個意象，可以用
來象徵多種意義，甚或是截然相反的意義。加上頌古吟詠對
象的特殊性，以及禪宗不著死語的要求，使得禪詩在構境取
象上玲瓏透徹，羚羊掛角，這就植入了以創造性禪悟思維解
讀禪詩的契機。法眼透徹者，一窺便知底蘊。半青半黃者，
不免捫空摸響。雪竇頌古在禪林影響極大，禪僧對頌古的意
旨進行了廣泛的討論，並且即便是在禪宗內部，對雪竇頌古
的誤解也各持己見。對於一般的讀者，要想「理解」雪竇頌
古，更是難於上青天。因為他起碼得穿越兩層關隘，一是公
案本身的關隘，一是頌古的關隘。要穿越這壁立萬仞的銀山
鐵壁，實在不是一件輕鬆的事。

　　《碧巖錄》的評唱為「穿越」公案、禪詩兩道關隘提供
了一條「通道」，這為難以逾越公案、頌古的讀者帶來了一線
曙光。然而，閱讀這些文本，這種驚喜會立即冰消瓦解。因
為《碧巖錄》雖然是對每一則公案的詳細「解說」，但它的文
本本身也是如此的無跡可求，嵯峨萬仞，鳥飛不度。它的本
身又矗起了一道險關！想穿越它的人，往往被撞得鼻青臉腫。

這便是「理解」公案、頌古、評唱時所遭遇的三道險關。按照禪宗的觀點，用理性來參透公案，如同蚊子叮鐵牛，了無下嘴處。但在理解禪宗哲學體系的背景下，以理性的眼光、禪悟的體驗對公案、頌古、評唱進行透視，又未嘗不可，否則公案的般若智光、頌古的通靈感悟、評唱的圓活禪機便無從發露，人們對公案、頌古、評唱便永遠望洋興歎，裹足而返。雖然明知錯下一轉語，有墮五百世野狐身的危險，但為了探索這片迷離惝恍的領域，揭開其朦朧的面紗，筆者還是不惜入泥入水，加以闡說。

緣此，本書在充分汲取《碧巖錄》精華的基礎上，依據禪宗哲學體系，對雪竇《頌古百則》的禪悟內涵、運思特點、取象方式、美感質性，從本心論、迷失論、開悟論、境界論四個層面加以探討。

根據筆者的研究，《碧巖錄》中表徵本心自性超越性的公案有：

⑴超越相對：廓然無聖（第1則）、丹霞問僧（第76則）、《金剛經》罪性（第97則）、風穴一塵（第61則）、廚庫三門（第86則）、趙州三轉語（第96則）、無縫塔（第18則）、妙觸宣明（第78則）、吾不見時（第94則）、雲岩摸枕（第89則）。

⑵身心脫落：體露金風（第27則）。

⑶遍布乾坤：雲門六不收（第47則）、藥病相治（第87則）。

⑷當機大用：拄杖化龍（第60則）、金牛作舞（第74則）、南山鱉鼻（第22則）、乾坤一寶（第62則）、透網金鱗（第49

則)。

本心的超越

　　禪宗的本心論，揭示本心自性的澄明、覺悟、圓滿、超越的內涵與質性。禪宗公案與頌古對此有形象生動、精警超妙的象徵吟詠。

(一)超越相對

　　本心的根本特徵是超越性。舉凡一切善惡、迷悟、染淨、長短、有無、色空等相對的二元觀念，在澄明的本心中都得到了超越。換言之，本心清明無染，恆常絕對，纖塵不立，本無二元對立。禪宗大師為了使人證得本心，往往用峻烈的機法截斷妄念之流。從總體上表達超越相對之禪悟體驗的有「廓然無聖」公案及頌古。《碧巖錄》第1則：

　　　　梁武帝問達摩大師：「如何是聖諦第一義？」摩云：「廓然無聖！」帝曰：「對朕者誰？」摩云：「不識。」帝不契，達摩遂渡江至魏。帝後舉問誌公，誌公云：「陛下還識此人否？」帝云：「不識。」誌公云：「此是觀音大士，傳佛心印。」帝悔，遂遣使去請，誌公云：「莫道陛下發使去取，闔國人去，他亦不回。」

傳說達摩在南印度遙觀中國有很多大乘根器，適合傳授大乘佛教，遂泛海來到中土。當時正值梁武帝執政。武帝至誠弘揚佛法，起建佛寺，度人為僧，時人稱為「佛心天子」。所謂「聖諦第一義」，是最為殊勝、深妙無上的真理。達摩斬釘截鐵的四個字，就將武帝的問題粉碎無餘。這是因為，在禪宗看來，本心自性如同虛空般廣袤無垠，無聖無凡。只要放下一切，不被聲色物相所迷惑，領悟到奇妙澄明的本心就像虛空一樣，哪裡還有什麼聖凡之別？達摩說「廓然無聖」，就是要梁武帝跳出有、無、凡、聖的窠臼而當下明心見性。

達摩將無法形容比擬的妙明真心和盤托出，武帝人我的見解仍然沒有泯除，因而再問：「對朕者誰?」——別人都說你是聖人，你現在說「無聖」，那麼站在我對面的「你」又是誰？達摩回答說：「不識!」當禪人獲得開悟之際，身心世界皆空，只是一片虛明，在空寂的體性中，一切有對待的自他、能所都不復存在，渾然一體。聖凡皆世相，在自性中平等一如。心佛及眾生，三者無差別。自性超越凡聖，不能安立任何名相。達摩直指禪門第一義的否定，竟使武帝如泥雕木塑般愣在那裡。達摩本以為武帝有相當高深的禪學修養，至此發現他只不過是在名相上著眼，不識禪法真正寶藏，不是上等根器，難以領悟真正的禪法，遂不辭而別，渡江到北魏嵩山，面壁九年。雪竇頌云：

聖諦廓然，何當辨的。

「對朕者誰?」還云「不識」。

因茲暗渡江，豈免生荊棘。

闔國人追不再來，千古萬古空相憶。

休相憶，清風匝地有何極。

（師顧視左右云：「這裡還有祖師麼?」

自云：「有，喚來與老僧洗腳!」）

圓悟說：「大凡頌古只是繞路說禪，拈古大綱，據款結案而已。」（本書引用圓悟的話，均出於《碧巖錄》各則）雪竇吟頌這則公案，劈頭用「聖諦廓然」四字，重現達摩用不可湊泊的「廓然無聖」粉碎武帝妄念的情景，指出寥廓如萬里晴空般的「聖諦」，是一絲不掛、一法不立的絕對真心，不容計較思量、分是分非、辨得辨失，不可以情識卜度。稍一擬議尋思，即蹉過萬里，任是有高深悟境的禪僧也難以把握其要義。

「『對朕者誰?』還云『不識』。」雪竇老婆心切，謂聖諦一法不立，是超越相對的絕對本心，當然不可用情意來識度。雪竇用「還云」二字表示強調，以提醒眾人「廓然」中連「聖」也沒有，更無「識」與「不識」。至此整個公案已吟頌完畢，簡明扼要的十六個字，於重現公案情景之際，表達了作者透徹的禪學見解。

「因茲暗渡江，豈免生荊棘。」達摩西來，本是為了與人解黏去縛，抽釘拔楔，剗除意路上的荊棘，因與武帝機緣不契，遂悄然渡江北上。頌古說這一舉動的本身同樣免不了「生

荊棘」，語奇而意深。之所以這樣說，是因為自從這則公案產生的那天開始，就引發了無數人的討論、猜測，結果反而被言語的「荊棘」給纏住了。

「闔國人追不再來，千古萬古空相憶。」達摩來中土，為度有緣人。既然機緣不契，縱使武帝發動全國的人去請，他也不會回頭。武帝後來悔恨與達摩失之交臂，在達摩圓寂後親撰碑文說：「嗟夫，見之不見，逢之不逢，今之古之，怨之恨之！」（《全梁文》卷67）

「休相憶，清風匝地有何極。」雪竇在詩的最後兩句，驀地插入景語，將一切向外尋求之心（求功德、求聖諦、求達摩）拽轉回來，直截了當地剖露自己的見解說：只要識得自己腳跟下的安身立命處，就能時時與達摩把袂而行，而不必對他尋思憶念。這是因為，澄明的本心不在別處，它存在於我們每個人的身上，親切之至，尋常之至。它猶如普天普地的清風，人人都受其熏育，它是取之不盡、挹之無竭的大自然的無盡藏。

雪竇頌畢此詩，仍然擔心人們迷戀祖師，依賴祖師，不敢自行肯定自行擔當，又再度運用截流之機，顧視左右而問：「這裡還有祖師麼？」自己答應說：「有。」並再一次自己答應說：「有的話，喊過來給老僧洗腳！」表面上是過於貶損了祖師威光，實則別有深意。因為澄明的本心，不依傍任何一物。徹悟之時，無一物是祖師，無一物非祖師。

從對公案意趣及雪竇頌古的分析可以看出，「廓然無聖」

的重點是本心的超越性，這是禪宗最根本的精神。只要參透了「廓然無聖」這一句話，參透了這一則公案，就會同時領會千句萬句話、千則萬則公案。

雪竇在頌古中，先是用「聖諦廓然」等十六字重現一則公案，在不作任何評判中流露出自己深邃的禪學見解；之後餘興猶酣，又以「因茲暗渡江，豈免生荊棘」巧翻新錦，提出疑問，引而不發；以「闔國人追不再來」渲染出達摩羅籠不肯住，呼喚不回頭，辛勤來東土，只度有緣人的一代宗師的精神氣質；以「千古萬古空相憶」襯出武帝對錯過明師的悔恨惋惜。兩句運用了誇張的手法，迴環唱歎，低徊悵惘；末二句「休相憶，清風匝地有何極」又陡翻新意，以清麗的詩句，象徵澄明本心，人人具足，遍布寰宇，使人有清風拂面脫落身心的喜悅之感。雪竇頌古，與公案珠聯璧合，不但精妙地傳達了公案的神髓，而且以透徹的悟性、嫻熟的技法，大開大闔、收放自如地吟詠了本心的超越性。

表達本心超越性的，還有「丹霞問僧」公案及頌古。《碧巖錄》第76則：

　　丹霞問僧：「甚處來？」僧云：「山下來。」霞云：「吃飯了也未？」僧云：「吃飯了。」霞云：「將飯來與汝吃底人還具眼麼？」僧無語。長慶問保福：「將飯與人吃，報恩有份，為什麼不具眼？」福云：「施者受者，二俱瞎漢。」長慶云：「盡其機來，還成瞎

否?」福云:「道我瞎得麼?」

丹霞詢問僧人從什麼地方來,實際上問的是生從何來、死往何去的來處。僧人沒有說出來具體地名,而說「山下來」,好像也是個有見解的人,反過來要勘驗主家。丹霞見他沒有回答來處,決定再辨一辨他的真假,便問他吃飯了沒有,僧人回答已經吃過飯了,開始露出破綻。不過有的禪客在接機時故意露出破綻,敢於向虎口裡橫身。如果對方識不破,就不是明眼人。因此丹霞仍然不敢掉以輕心,繼續探問「那個施飯給你吃的人還具不具備開悟之眼?」僧人無言以對,至此敗象全呈。

　　布施是六度之首,但仍然有「具眼」和「不具眼」的分別。保福、長慶,都是雪峰的得意弟子,經常在一起討論古人公案,用來端正見地,開啟般若法眼。長慶問保福:「將飯給人吃的人,我們應當報答他的布施,為什麼師父還說他不具眼?」這是借用公案來檢驗保福的見地,看看保福是不是時時都不離本心。長慶知道,如果落在供養、報恩等概念裡,對布施與受布施不能三輪體空,充其量也不過是人天福報的善行,並不等於法眼通明。保福回答:「施者受者都是瞎子!」保福並沒有被供養、報恩之類的概念套住,而是用峻烈的機法將它們粉碎。長慶對此卻並不能領會,繼續追問說:「盡其機來,還成瞎否?」——如果這僧不是默默無語,而是發揮了佛性的大機大用,還會是瞎漢嗎? 心性赤裸裸淨灑灑,一法

不立。長慶於問答之際不知不覺落到「盡機」裡去了。對教
下的「供養」、「報恩」等概念他能看得清、空得掉，對宗門
的「盡機」、「具眼」等葛藤他卻看不清、空不掉了，因此見
地不夠透徹，仍然落在有無、是非、對錯、盡機不盡機、具
眼不具眼等相對概念裡，違背了不二之旨。因此保福反問：
「我如此具眼，知道這些概念當體即空，已經盡機了，你還
能說我瞎嗎？」這則回答也是軟弱無力。可見稍一起心動念，
就與超越的本心相違。長慶落入了「盡機」，保福落入了「不
成瞎」，都是龍頭蛇尾。雪竇頌云：

　　「盡機」「不成瞎」，按牛頭吃草。
　　四七、二三諸祖師，寶器持來成過咎。
　　過咎深，無處尋，天上人間同陸沉。

「盡機」、「不成瞎」，是說學僧眼眨眨地無言以對，不能顯發
本心的妙用，所以是「瞎漢」，而長慶、保福二人未嘗「盡機」，
同樣是「瞎漢」。學僧不能盡顯機用，別人也不能代他來盡顯
機用。這就好像牛不吃草時，強按住牛頭也不能代替牛吃草
一樣。

　　「四七、二三諸祖師，寶器持來成過咎。」詩意謂西天二
十八祖、東土六祖這些法明通眼的禪宗大師，將「寶器」（直
指人心的法寶）遞相傳授，反而成了過咎。這是因為保福的
答語落入「不成瞎」，不僅僅帶累長慶一人落入「盡機」，就

連歷代祖師也統統被埋沒掉了。祖祖相傳的無上大法反而成了「過咎」，是因為後代子孫不肖，以致於埋沒了祖師的禪道。

「過咎深，無處尋，天上人間同陸沉。」兩句進一步加強語氣，說不能顯發機用、不具法眼的過咎之深，將祖師禪道一起在陸地上沉沒了。

此詩與「廓然無聖」公案及頌古一樣，顯示了禪宗超越一切的根本精神：超越具眼與不具眼、盡機與不盡機、成瞎與不成瞎等一切相對觀念，表達了作者的透徹之悟。

表達本心超越性的還有「《金剛經》罪性」公案及頌古。《碧巖錄》第97則：

> 《金剛經》云：「若為人輕賤，是人先世罪業，應墮惡道。以今世人輕賤故，先世罪業，則為消滅。」

《金剛經》說如果一個人前生造了下地獄的業因，由於這一生能承受得了別人的打罵、歧視、污蔑，善力強大，前生所造的罪業就會因此而消失，不會受到下地獄的果報。經教家由此認定《金剛經》可以消除一個人無量劫來所造的所有罪業。根據經教家的說法，一個人只要將這本短短的經文廣為流傳，便是受持《金剛經》。雪竇認為，能真正受持這部《金剛經》，即是徹見了本地風光。但如果以祖師禪來講，連「本地風光」、「本來面目」都得斬為三段，三世諸佛十二分教也不值得一提。一般人只知道流傳經文，動不動就說我一天念

誦了多少遍經文、將它宣傳給了多少人，這只不過是巡行數墨。他們根本不知道只有從自己本心上起用，才是真正地在流傳、運用這部經典。如果不能將《金剛經》化為性情，提昇自己生命的境界，只是放在空屋裡供養著，它是不會放光的。雪竇指出這精微之處，就是要使人了解受持《金剛經》的真正靈驗所在。頌古說：

> 明珠在掌，有功者賞。
> 胡漢不來，全無伎倆。
> 伎倆既無，波旬失途。
> 瞿曇瞿曇，識我也無？

「明珠在掌，有功者賞。」雪竇說，對受持此經而有靈驗的人，就用「明珠」（喻金剛般若）獎賞他。一個人既然得到這顆「明珠」，當然就懂得靈活運用，胡來胡現，漢來漢現，萬象森羅，縱橫顯現，這才是有功德。

「胡漢不來，全無伎倆。」雪竇前兩句話已經把公案頌完，在這裡翻出新意，說雖然「明珠」映胡映漢，歷歷分明，但如今胡（迷）漢（悟）都不現，「明珠」顯發不出映現的功用，縱使是佛的慧眼也看不出來。此時功德罪業、尊貴輕賤，一一消泯，一心不生、凡聖脫落。「伎倆既無」，到了萬緣俱泯滅、全然無朕跡之時，縱是波旬也奈何不得。佛經中說，世尊以一切眾生為赤子，若有一人發心修行，魔宮振動，魔王

波旬便會前來擾亂修行者。雪竇指出，對凡聖齊泯的修行者，縱使波旬前來也會迷路。這就是「發心而無心可發」的金剛般若。

「瞿曇瞿曇，識我也無?」雪竇頌到最後，意興飛動，自己指著胸口說:「不要說是波旬，縱然是佛陀親來，也識不出『我』!」這是何其高深的悟境! 因為此「我」是泯滅了罪福、尊卑等一切二元觀念，能真正受持《金剛經》的「無位真人」。在消泯了一切凡聖迷悟痕跡的真空無相境涯裡，釋尊金口所說的因果報應之論，也沒有了應驗之處。

此詩以明珠作為中心喻象，以明珠現胡現漢喻善賞惡罰的經典教義;以迷悟雙泯、「明珠」失去照映的對象，喻脫落一切相對觀念的禪心，超越了經典的說教，而達到了澄明之境。後四句進一步申發此義，以「波旬失途」甚至於佛祖不「識」，形容澄澈空明的禪心之不可湊泊。此詩對傳統的善惡報應說進行了冷峻而深刻的反思，表達了超越迷悟、罪福、賞罰的禪髓。

表達本心超越性的還有「風穴一塵」公案及頌古。《碧巖錄》第61則:

　　風穴垂語云:「若立一塵，家國興盛。不立一塵，家國喪亡。」雪竇拈拄杖云:「還有同生同死的衲僧麼?」

「若立一塵，家國興盛」，意為立國安邦，建立起迷悟淨染的世界，須憑藉謀臣猛將，然後麒麟出，鳳凰翔，是心國太平的祥瑞，但三家村裡的田父野老卻並不知道有這種事，所以並無歡愉可言；「不立一塵，家國喪亡」，不立一塵時，野老卻出來謳歌，這是因為此時無佛無眾生，無是非好惡。金屑雖貴，落眼為翳。衣珠雖貴，執著成塵。在超越的境界裡，說心說性說玄說妙都用不上。由此可見，野老有時憂戚皺眉，有時快樂謳歌，自有其道理。雪竇頌云：

> 野老從教不展眉，且圖家國立雄基。
> 謀臣猛將今何在，萬里清風只自知。

「野老從教不展眉，且圖家國立雄基。」在公案中雪竇提到「立與不立」、「同生同死」，在頌古的前二句，雪竇避重從輕，專就「立一塵」的方面來吟詠，三四兩句過渡到吟詠泯除立與不立、絕情離知的禪悟境界，說家國喪亡，凡聖齊泯。謀臣猛將，杳無蹤跡。清風萬里，匝天匝地。雪竇復拈拄杖云：「還有同生同死的衲僧麼？」「同生同死」是泯除把定與放行、建立與掃蕩、出世與入世、勳業與高名的區別，超越了一切對立，無分別地看待一切，是真正體道者的心胸。雪竇拈起拄杖，意思是連這同生同死的念頭也須泯除，才是「萬里清風只自知」的境地。

　　此詩從歌詠「立一塵」到立與不立打成一片，展現了從

心國太平向超越一切是非、好惡、迷悟、染淨、苦樂的絕對之境的飛躍。這是清風匝地無窮極的自悟自知的內證境界。

「廚庫三門」公案及頌古也表現了本心的超越特徵。《碧巖錄》第86則：

> 雲門垂語云：「人人盡有光明在，看時不見暗昏昏。作麼生是諸人光明？」自代云：「廚庫三門。」又云：「好事不如無。」

人人都具有一片光明（妙明真心），輝騰今古，迥絕見知。但你要是想看它的話，卻又像漆桶一樣昏暗暗地看不到，到底什麼是每個人的那一片光明？雲門二十年來一直這樣開示，卻沒有人領會他的意旨。香林後來請雲門作答，雲門說：「廚庫三門。」又說：「好事不如無。」雲門前一句替人指出一條線索，教人有個悟入之處，又擔心學人黏著，因此隨說隨掃說「好事不如無」。見性不在眼上，也不在境上，必須窮心路、絕知見、忘懷得失，才能「見」到淨裸裸、赤灑灑的本心。雪竇頌云：

> 自照列孤明，為君通一線。
> 花謝樹無影，看時誰不見。
> 見不見，倒騎牛兮入佛殿。

「自照列孤明」，人人本具一段光明，只是平常難以使它煥發顯露，所以雲門才替眾人羅列出一團光明，用「廚庫三門」顯示「孤明」的作用，意為不論何處，本心之光都會呈現，這便是雲門「為君通一線」之處。廚庫、三門，日日所見而不以為奇，如同人人皆有光明的本心卻不能自知。雲門不得已用這兩件事作為譬喻，提醒學人返照本心。

「花謝樹無影，看時誰不見?」當聖解之花與凡情之葉悉皆凋落得了無痕影，日暗月落，一切相對的觀念悉皆泯滅，整個乾坤黑漫漫一片的時候，還能看見麼?須知在這個時候，見性並沒有失去。「看時誰不見」，當「看」之時，是「誰」不可見?對這個「看」可以作兩個層面的理解，一是普通意義上的觀看，此時作為觀看主體的人「不可見」花謝樹無影的景象;一是能所俱泯意義上的直覺觀照，此時物我一如，觀照「主體」對觀照「客體」有著孤明歷歷的反映，卻沒有反映的意念。頌古中的這個「誰」不是別的，正是「見」的自性。

「見不見，倒騎牛兮入佛殿。」雪竇借用《楞嚴經》「見不見」語意，說姑且將「見」與「不見」的相對意念拋到一邊，要想明心見性，只有倒著騎牛進入佛殿般灑灑落落，才能體證出個中三昧。

此詩以「花謝樹無影」喻不著纖塵的本心，以「看時誰不見」啟迪楞嚴三昧睿思。作者固守著不說破的原則，在詩的最後暗示出禪悟體驗如人飲水，冷暖自知，必須擺脫相對

觀念的羈縛，倒著騎牛進入佛殿，才能得其三昧。此時便會發現，不論在生死，在迷悟，在淨染，在法堂佛殿或廚庫三門，本心都煥發著活潑妙用。

象徵本心超越特性的還有「趙州三轉語」公案及頌古。《碧巖錄》第96則：

> 趙州示眾三轉語。

趙州三轉語是：「金佛不渡爐，木佛不渡火，泥佛不渡水。」旨在啟發學人明心見性。金佛渡爐則熔，木佛渡火則焚，泥佛渡水則化。趙州示此三轉語後說：「真佛內裡坐。」這一句看起來拖泥帶水，實則自有其作用。因為如果宗師家一向採取孤峭萬仞的機法，法堂前就會草深一丈。為了廣弘佛法，普渡眾生，不妨入泥入水，接引初機。雪竇認為趙州末句過於直露，遂將之省略，而只吟頌它的前三句：

> 泥佛不渡水，神光照天地。
> 立雪如未休，何人不雕偽？
>
> 金佛不渡爐，人來訪紫胡。
> 牌中數個字，清風何處無。
>
> 木佛不渡火，常思破灶墮。

　　杖子忽擊著，方知辜負我。

　　「泥佛不渡水，神光照天地。」傳說禪宗二祖初生之時，神光
照室，直貫霄漢。又有神人指示他往參達摩，遂取名神光。
神光赴少室山立雪齊腰，斷臂求法。達摩為他安心，並給他
取名慧可。「立雪如未休，何人不雕偽。」詩意說如果立雪不
休，諸詐之人紛紛仿效，一時間只能形成雕偽之風。

　　「金佛不渡爐，人來訪紫胡。」子湖（紫胡）利蹤和尚，
在山門前立一木牌，牌上寫道：「子湖有一隻狗，上取人頭，
中取人心，下取人足，擬議則喪身失命。」他凡是見新來參謁
的學人，總是喝一聲：「看狗！」學人剛一回頭，子湖就起身
回方丈去了。此詩以「金佛不渡爐」比喻學人承受不起師家
峻烈的手段。暗示如果受得起子湖狗的撕咬，就會將相對的
觀念滅絕，根塵粉碎，大死大活，本心便會活潑地顯發妙用，
便會感覺到有無盡的清風拂面而來。

　　「木佛不渡火，常思破灶墮。」破灶墮和尚，言行叵測。
隱居嵩山時，一日領徒入山塢，聽當地人說有一座廟非常靈
驗，廟中唯安一灶，遠近祭祀不輟，烹殺牛羊很多。禪師進
入廟裡，用拄杖敲灶三下說：「咄！此灶只是泥瓦合成，聖從
何來，靈從何起，恁麼烹宰物命！」又用杖敲擊三下，泥灶被
擊破，應聲墮落。不久就見一人，青衣峨冠，站在禪師面前
禮拜說：「我是灶神，久受業報，今日承蒙師父宣說無生法門，
已脫離此處，上生天界，特地前來致謝。」又拜了拜，便隱身

而去。侍者見了，也請求師父開示禪法。禪師說：「我只不過向他說是泥瓦合成，聖從何來，靈從何起。」侍者佇思，禪師說：「領悟了麼?」侍者說：「還沒有領悟。」禪師說：「每個人都有在泥瓦合成之外的本性，你為什麼還不領悟?」便喚：「破了破了，墮了墮了!」侍者頓時開悟（《景德傳燈錄》卷4〈破灶墮〉）。公案意在說明四大五蘊，與磚瓦泥土並無不同。

　　雪竇此三頌，構想突兀，運思奇變，已臻大冶無方的化境。在這三首頌古中雪竇所運用的典故，與吟詠的主題看似沒有關聯，實則草蛇灰線。雪竇認為，只有自性之光方可照徹天地，用物質做成的佛像是沒什麼用的。「神光」並不是什麼神秘的光，而是出生之前即已存在的純真人性，水火不能侵犯，盜賊無法掠奪。慧可立雪求法，得以安心，也無非是使深潛於生命中的神光得以煥發。如果後人只是流於形式上的摹倣，就會墮於雕琢虛偽的惡趣。因此雪竇引神光頌「泥佛不渡水」，恰當穩妥；至於雪竇以子湖狗、破灶墮入詩，同樣有其內在的理路。圓悟指出只要透過這三頌，便可大徹大悟。它們的主旨，在於蕩除一切分別心念，指示學人煥顯「神光」，泯滅情念，摒棄假我，明心見性，見到每個人的「真佛」，看穿世相的虛幻，超越相對的二元觀念。

　　當然，「真佛」並不能離棄泥、金、木佛，而存在於某個諸如心內的特定的地方，「真佛內裡坐」，這句話雖然被雪竇略去，卻正是雪竇此三詩的終極意旨：自性的「真佛」就「端坐」在木佛、金佛、泥佛的「內裡」，不為水火所壞。有形相

的三佛和有為法同歸成壞，自身難保。世人如果向外求佛，就永難得到。唯有情不附物，迴光返照，使癡迷的心靈得到安歇，才能見到原本的真佛。

象徵本心超越性的還有《碧巖錄》第18則「國師無縫塔」公案及頌古：

> 肅宗（應為代宗）皇帝問忠國師：「百年後所須何物?」國師云：「與老僧作個無縫塔。」帝曰：「請師塔樣。」國師良久，云：「會麼?」帝云：「不會。」國師云：「吾有付法弟子耽源，卻諳此事，請詔問之。」國師遷化後，帝詔耽源，問：「此意如何?」源云：「湘之南潭之北，中有黃金充一國。無影樹下合同船，琉璃殿上無知識。」

本心圓滿，猶如沒有縫棱的石塔。一般的佛塔用木或石累砌而成，所以都有縫。用一塊卵形整石來造，塔身無縫棱，作為墓碑之用的就是無縫塔。對耽源的頌詞，存在著種種誤解，圓悟批評這些臆測說，有的人說國師沈默不語，就是無縫塔的樣子。如果這樣理解，達摩開創的禪宗就掃地而盡了。如果認為沈默就是禪，那麼不說話的啞子就成了一等的禪師了。耽源的頌詩引起的另一種揣測，是說「湘（相）」是相見，「潭（談）」是談論，中間有個無縫塔，所以說「中有黃金充一國」。皇帝與國師對答，就是「無影樹下合同船」；皇帝不能領會禪

法，所以說「琉璃殿上無知識」。這些都是邪謬的見解。雪竇頌國師無縫塔云：

> 無縫塔，見還難，澄潭不許蒼龍蟠。
> 層落落，影團團，千古萬古與人看。

詩用白描的手法，勾畫出無縫塔樣。雪竇先是用「見還難」點出無縫塔的超越形象、超越相對的質性，指出「無縫塔」雖然明明顯露，可是要看見它卻很不容易，因為用肉眼根本不能見到。國師在回答塔樣時沈默良久，很多人遂認為沈默良久就是無縫塔，雪竇指出，國師的沈默如同澄潭，裡面不會有蒼龍蟠踞，沈默中並沒有無縫塔的樣子。真正的參禪者，不會在靜水中蟠踞。接著，雪竇又用「層落落，影團團」暈染出無縫塔的形相，神光離合，似有若無，使讀者既能感受到鮮明的形象，又瞻之在前，忽焉在後。這不即不離，不求在目前，求之反轉遠的無縫塔，正是本心的傳神寫照。只有用超越形相的慧眼，才能見到。後來禪僧吟此公案，也多是從超越性上著眼，沒有人能超出雪竇的範圍。

　　表達超越感官，而明心見性的，尚有《碧巖錄》第78則「妙觸宣明」、第94則「吾不見時」、第89則「雲岩摸枕」公案及頌古。

　　楞嚴會上，跋陀婆羅菩薩述說所證圓通法門之因，「於浴僧時，隨例入室。忽悟水因，既不洗塵，亦不洗體，中間安

然，得無所有，宿習無忘。……妙觸宣明，成佛子住」（《楞嚴經》卷5）。入浴時忽然悟到水的因緣，它既不能洗滌塵垢，也不能洗淨身體。無論潔淨與污垢，它都不沾滯，水性永遠清淨。由此體會水性，可以領悟到本心的實相：心上的妄念，猶如水上的浮塵與波紋。漚生漚滅，以及浮塵與波紋的變化，始終改變不了水性。只要心如止水，靜觀心波、浮塵的變化，皆如夢幻，就能領悟到本心的實際。跋陀婆羅因為微妙的感觸，明白了本心如水的道理，而得到佛的法要。佛問眾菩薩修什麼方法才能圓滿通達佛的果地，跋陀婆羅認為從微妙感觸作用去體會，乃是最上乘的妙法。此段經文被列入《碧巖錄》第78則：

　　　　古有十六開士，於浴僧時隨例入浴，忽悟水因。
　　　諸禪德作麼生會？他道妙觸宣明，成佛子住，也須
　　　七穿八穴始得。

為什麼菩薩在入浴時會感悟妙觸，住於佛地，而一般的人雖然也「入浴」，也一樣的「觸」，卻不能了悟？這是因為世人「皆被塵境惑障，黏皮著骨，所以不能便惺惺去。」（圓悟語）如果能對妙觸有靈活的體會，縱是不必入浴，也可於一毫端上現寶王剎，向微塵裡轉大法輪，一處透得，千處萬處一時透。一切處都是觀音入理之門。雪竇頌古，教人從「妙觸」裡頭會取其中的道理，免得被經教束縛得半醉半醒，而要當

下灑灑落落：

> 了事衲僧消一個，長連床上展腳臥。
> 夢中曾說悟圓通，香水洗來驀面唾。

「了事衲僧消一個」，眼光明澈、機鋒敏利的禪僧，只要一個就夠了。既然已經了事，就可以「長連床上展腳臥」，這是因為「明明無悟法，悟了卻迷人。長舒兩腳睡，無偽亦無真」（《五燈會元》卷5〈善會〉）。徹底了悟的人，連悟的境界都不存在，有一個悟的境界，就已經著相。所以胸中無一事，饑來吃飯睏來眠。「夢中曾說悟圓通，香水洗來驀面唾。」雪竇認為，說入浴悟得妙觸宣明，對於「了事衲僧」來說，只似夢中說夢。當「了事衲僧」聽到說什麼香水洗浴悟圓通時，會猛地向他唾一口，唾棄他所沾沾自喜的「妙觸」之理。

《碧巖錄》第94則：

> 《楞嚴經》云：「吾不見時，何不見吾不見之處？
> 若見不見，自然非彼不見之相。若不見吾不見之地，
> 自然非物，云何非汝？」

公案所引的經文，出自《楞嚴經》卷2。意思是當「我」不起看的作用時，你就見不到這個看不見的自性；如果可以見到這個看不見的能見自性，則你所見的並不是那個看不見的能

見自性；如果那個能見的功能根本看不見，自然不是物質現象，何以不是你的自性？雪竇頌云：

全象全牛翳不殊，從來作者共名模。
如今要見黃頭老，剎剎塵塵在半途。

「全象全牛翳不殊」，「全象」用仰山事。仰山見人問禪問道，便作了一個○（圓相），於中書「牛」字，學人問其意旨，仰山說：「我且問爾，諸方老宿，於爾身上，指出那個是爾佛性，為復語的是，默的是？莫是不語不默的是？為復總是，為復總不是？爾若認語的是，如盲人摸著象尾；若認默的是，如盲人摸著象耳；若認不語不默的是，如盲人摸著象鼻；若道物物都是，如盲人摸著象四足；若道總不是，拋本象落在空中。如是眾盲所見，只於象上名邈差別。爾要好，切莫摸象，莫道見覺是，亦莫道不是。」「全牛」用《莊子》事。庖丁解牛，開始時所見無非全牛，後來又未嘗見全牛，遊刃自在，頭角蹄肉，一時自解。如此十九年，其刃利若新發於硎。觀象而得全象、解牛而見全牛，需要極高的悟性。雪竇卻認為，縱使有全象全牛的高深悟境，與眼中翳並無區別。因為對《楞嚴經》這段經文，「從來作者共名模」，縱是修為極高的禪林大德，也摸索不著。對此段經文的要旨，不論是迦葉，還是西天東土祖師，天下名禪耆宿，都只是「名模」。「如今要見黃頭老，剎剎塵塵在半途。」如今的參禪者要想見到佛祖真意，

縱使有「一塵一佛國，一葉一釋迦」的高深奇妙的了悟之境，也只是在半途，還沒有入門。可見此段經文的微旨妙義，實在不可以智知，不可以識識。

《碧巖錄》第89則「雲巖摸枕」：

> 雲巖問道吾：「大悲菩薩，用許多手眼作什麼？」吾云：「如人夜半背手摸枕子。」巖云：「我會也。」吾云：「作麼生會？」巖云：「遍身是手眼。」吾云：「道即太殺道，只道得八成。」巖云：「師兄作麼生？」吾云：「通身是手眼。」

觀世音菩薩，有千手千眼，但並沒有劃分著這些手眼來應接眾生，將它們一部分一部分地使用。他運用這些手眼，好像我們在夜半起來忘記了手眼，在無我無心的直覺中摸枕頭似的，不是有意的想著用這隻手來摸、那隻眼來看，而是任運自在地使用著千手千眼。答語「遍身是手眼」，意為在遍身中的任何處，都是手眼，手眼遍於整個身體。但雖然說「遍身是手眼」，仍未脫離曰手曰眼的特殊的器官的觀念，所以「只道得八成」。而「通身是手眼」，則謂「通徹全身的都是手眼，所以實際上全身盡構成手眼的用，手眼和身體為一。……站在全身的立場的菩薩的手眼，是統一感覺的靈動。菩薩的圓通境，禪的真實境，即在這裡」（《禪學講話》第145頁）。雪竇頌云：

遍身是，通身是，拈來猶較十萬里。

展翅鵬騰六合雲，搏風鼓蕩四溟水。

是何埃磕兮忽生，那個毫釐兮未止。

君不見，

網珠垂範影重重，棒頭手眼從何起？

「遍身是，通身是，拈來猶較十萬里。」雪竇在「遍身是」、「通身是」之後下一轉語，認為雲岩和道吾說「遍身」或「通身」，都是五十步與百步之差，畢竟未能拈出菩薩的手眼，距離悟境不啻十萬里。兩人的回答，即使像大鵬飛騰展翼如天地四方之雲，搏風而上鼓蕩起四方大海之水，氣勢豪邁，波瀾壯闊，但在千手千眼菩薩看來，只不過像一陣灰塵揚起，一縷微風掠過罷了。

「君不見網珠垂範影重重」，帝釋天的法堂用摩尼珠綴成了一道網珠，每顆明珠都可以映現百千明珠，而百千明珠又交映在一珠當中，重重疊疊。雪竇以網珠為例，說明事事無礙法界的道理，對六相義闡發得尤為明白。所謂六相即是總別、同異、成壞，只要任舉一相，其他六相都涵蓋在內。雪竇意謂大悲千手眼和帝網珠相類，如果了解帝網珠，就能夠證得千手千眼的境界，所以詩的末句說：「棒頭手眼從何起？」就是要學人棒頭取證喝下承當，獲得六根的解脫自在。

㈡身心脫落

　　上文所論及的公案和頌古，是從總體特徵上表達本心的超越性；以下所舉的各則公案和頌古，則是從各個不同的側重點表達本心的超越性。「身心脫落」，又作「脫落身心」，指脫卻身心的一切煩惱妄想，而進入真空無我的自由境界，且脫落而無脫落之念。表達身心脫落之禪悟體驗的有「體露金風」公案及頌古。《碧巖錄》第27則：

　　　　僧問雲門：「樹凋葉落時如何？」雲門云：「體露
　　金風。」

學人的問題，看似簡單隨意，實則突兀奇險。雲門完全針對他的話題作答，不黏不脫，滴水不漏，堪稱箭鋒相拄。雪竇頌云：

　　　　問既有宗，答亦攸同。
　　　　三句可辨，一鏃遼空。
　　　　大野兮涼飆颯颯，長天兮疏雨濛濛。
　　　　君不見，
　　　　少林久坐未歸客，靜依熊耳一叢叢。

「問既有宗，答亦攸同。」本則公案中，賓主雙方均是借樹木凋零、金風颯颯的晚秋清景，象徵消除煩惱、脫落悟心的清

純心境。秋風吹落樹木的葉片，呈現出光禿禿的景色，一似經由了刻苦修行的禪者，驅散了心靈的煩惱、妄想，消除了是非善惡的分別心，而呈現出無心的佛心。並且，金風不僅拂落了煩惱的枯葉，也同時將菩提涅槃之葉吹落，這才是真正的「身心脫落」之境。問語是一幅鮮明秋景，答語是一幀天開畫屏。

「三句可辨，一鏃遼空。」雲門答語，一句之中具有三句。「體露金風」，既有自性遍在物物全真的涵蓋乾坤之意，又有把斷要津不通凡聖的截斷眾流之意，也有隨機應變對症下藥的隨波逐浪之意。對這句話能當下了悟，就可透出三句外，如同一箭飛空射得很遠。

「大野兮涼飆颯颯，長天兮疏雨濛濛。」雪竇頌完公案後，又宕開一層，截取一幅現量境：大野廣袤，涼風颯颯；長天一碧，疏雨濛濛。古今不隱藏，法法常顯露。只有融入大野涼風長天疏雨之中，將分別意識悉皆蕩除，盡情地「體露」，物我雙忘，心境一如，才能真正領會到雲門、雪竇的深意。

「君不見，少林久坐未歸客，靜依熊耳一叢叢。」達摩未歸印度時，九年面壁，靜對熊耳，既是「樹凋葉落」，也是「體露金風」。樹木經秋風吹拂，落葉滿地，呈露出絕對的本體。相對的事相歲歲枯榮，絕對的本體則亙古不變。要體證這個境界，必須將古今凡聖，乾坤大地，打成一片，才能看到雲門、雪竇的用心。

此詩表達的仍然是本心自性的超越性：超越永恆與短暫、

榮盛與衰落、煩惱與菩提。雪竇頌古，慧眼燭照而詩情濃郁，
在表達對公案的獨特悟解的同時，創造了禪定直覺意象，既
有對激箭禪機蹈光躡影的描繪，又有對超越凡聖的現量境沉
雄高古的詠歎。妙悟徹髓，詩思賁張，堪稱融哲理與形象為
一體的佳作。

㈢遍布乾坤

　　青青翠竹盡是法身，郁郁黃花悉是般若。自性遍布乾坤，
法法不隱藏，古今常顯露。表達自性遍在的禪悟體驗有「雲
門六不收」公案及頌古。《碧巖錄》第47則：

　　　　僧問雲門：「如何是法身？」門云：「六不收。」

「六」指六根、六境、六識、六大、六合、六塵等佛教用以
概括諸法實相的基本法數（名相）；「收」，是收攝包含之意。
所有這些法數都是從法身顯露出來的，六根收它不得。法身
不受六根門戶的局限，而能超越六根、六識的限制和六塵的
障礙。因為法身是真如法性的理體，縱極三際，橫涉十方，
是絕對的本體，所以六根等相對世界不能將之收攝包含。雪
竇頌云：

　　　　一二三四五六，碧眼胡僧數不足。
　　　　少林謾道付神光，捲衣又說歸天竺。

天竺茫茫何處尋，夜來卻對乳峰宿。

「一二三四五六，碧眼胡僧數不足。」雪竇指出，六不限定於六，說千萬億也可，因此縱是達摩也數不盡。法身無始無終、無量無邊，數字不能收攝，思維難以究詰。雲門「六不收」顯示了法身無限的持續，無限的光明，無限的自在，超越時空的束縛。但縱是這樣的悟解，必須直下領悟，不可陷於知性認識，否則就墜入了情識妄解的泥潭。

「少林讖道付神光，卷衣又說歸天竺。」達摩祖師在少林寺把禪法託付給二祖慧可，傳說在這之後不久，就捲衣歸天竺去了。

「天竺茫茫何處尋，夜來卻對乳峰宿。」既然達摩已歸天竺，可是一追尋他的究竟去處，茫茫大地竟又無處可覓。而昨天夜裡，達摩大師卻彷彿正對著乳峰山在打坐呢！可見法身遍在於一切處，一會兒在少林付神光，一會兒卷衣歸天竺，一會兒又對著乳峰打坐。處處顯露，涵蓋乾坤。

此詩重在渲染法身的遍在性。先以大巧若拙之筆點出法身「數不足」的特徵，再以神龍天矯之筆，寫出法身忽在少林，忽在天竺；既在天竺，又在少林的處處無身處處身特性。詩境迷離惝恍，使人對瞻之在前忽焉在後的法身，產生鮮明而真切的感受。

表達自性涵蓋乾坤的特徵，還有「藥病相治」公案及頌古。《碧巖錄》第87則：

　　雲門示眾云：「藥病相治，盡大地是藥，那個是
自己？」

　　「『盡大地是藥』，指宇宙的全體都是自性，物物全真，頭頭
顯露。」「『藥病相治』，意謂藥與病乃相對之二者，轉指凡夫
之相對二見。修行者能滅除藥與病之妄想，始為真出家。若
達於滅除相對二見之境界時，盡大地悉皆為藥；若自己能活
用藥石，則盡大地悉成為自己，除自己之外，無藥可求，亦
無可除之病。」（《佛光大辭典》第5344頁）雲門為使人證悟到
此自性，以「那個是自己」作為提示，以促使學人體證世界
未形成之前的無名無相的自性。深入到自性本源，俯瞰森羅
萬象，萬象和自己也都是自性，都是藥。雪竇頌云：

　　盡大地是藥，古今何太錯。
　　閉門不造車，通途自寥廓。
　　錯錯，鼻孔遼天亦穿卻。

　　「盡大地是藥，古今何太錯。」雪竇指出，如果僅僅把它當作
「藥」來理解，就徹頭徹尾地錯了。雲門曾說：「拄杖子是浪，
許爾七縱八橫；盡大地是浪，看爾頭出頭沒。」（《碧巖錄》本
則引）與「盡大地是藥」意旨相同。「藥」是現象，「自己」
是本體。要將兩者打成一片，體用迴互，方能不偏不墮，臻
於圓融。

　　「閉門不造車，通途自寥廓。」雪竇指出，閉門造車，出門合轍，並非難事。因為對於本自圓滿、脫體現成的自性來說，即使閉門不造車，出門也處處通達，左右逢源，自在無礙。大道不是閉門冥想製造出來的抽象概念。本源自性，不須憑藉種種學問和修行（「閉門不造車」）而天然純真，坦坦蕩蕩一物不立。自性的作用，一念起時三千諸佛悉起，一一具全，一一本真。

　　「錯錯，鼻孔遼天亦穿卻。」雪竇剛露個縫隙讓人領會，又擔心人墜於理障，遂立即予以掃除，連下兩錯：不但雲門「盡大地是藥」、「那個是自己」是錯，而且連自己剛才的提示也是錯。因為本源自性無名無相，說是「藥」是「自己」，均落於第二義。因此，對那種自以為把握到自性的鼻孔遼天的識見，也必須一索穿卻。

　　雪竇此詩流漾著隨說隨掃的般若智光。先以「古今何太錯」掃卻學人對「盡大地是藥」的黏著，再以「閉門不造車，通途自寥廓」描畫出自性不可思議的圓滿自足，又擔心學人執著於此，連下兩錯加以掃除，以使人證入纖塵不染的澄明悟境。詩意層層轉折，跌宕多姿，顯示了作者深厚的詩學根柢。

㈣當機大用

　　表達自性當機大用的，有「拄杖化龍」公案及頌古。《碧巖錄》第60則：

　　雲門以拄杖示眾云：「拄杖子化為龍，吞卻乾坤了也。」

雲門拄杖旨在闡明自性妙用，謂山河大地與自身並無差別，宇宙間的一切都是我。拄杖化龍，「個」回歸到它的根源「超個」。拄杖子吞沒了大地，十方虛空完全消失。當「個」回歸到「超個」之中時，「超個」也成為「個」而復活現前。沒有了自己之後，所有的物皆成了自己。色即是空，空即是色（參《一日一禪》第249～250頁）。其機用與拄杖化龍一致。雪竇頌云：

　　　拄杖子，吞乾坤，徒說桃花浪奔。
　　　燒尾者不在拏雲攫霧，
　　　曝腮者何必喪膽亡魂。
　　　拈了也，聞不聞？
　　　直須灑灑落落，休更紛紛紜紜。
　　　七十二棒且輕恕，一百五十難放君。
　　　（師驀拈拄杖下座，大眾一時走散）

「拄杖子，吞乾坤」，雪竇直截了當呈顯自性，不用「化為龍」這句話，徑說拄杖子吞乾坤，意在使人們捨去情識妄解，顯發大機大用。「徒說桃花浪奔」，已經吞卻乾坤的拄杖子，不必化為龍，不用像鯉魚那樣乘著桃花浪游向禹門。

「燒尾者不在拏雲攫霧」，傳說鯉魚過龍門時，有天火燒尾，遂騰雲駕霧而去。雪竇指出，拄杖子縱化為龍，騰雲攫霧，也並無希奇之處，因為人人都有本心，都可以不必假借外力，而顯發出妙用。宗密說：「積行菩薩，曝腮鱗於龍門。」意為累積萬行的菩薩，如未能大徹大悟，就像沒有躍過龍門而在沙灘上曝腮的魚兒一樣，比喻小德小智之人不能體證華嚴境界，如同跳不過龍門的魚兒，碰得焦頭爛額黯然而退，困在死水沙灘上曝腮喘息。雪竇翻轉一層，說即使是跳不過龍門者也不必喪膽亡魂，因為只要識得本心，即可撐天拄地。

「拈了也，聞不聞？直須灑灑落落，休更紛紛紜紜。」雪竇重下註腳，與人破除一切疑慮。詩意謂當拈起拄杖之時，宛然是蛟龍在吟嘯一般。要聞直下便聞，如果再擬議揣度，就失掉了安身立命的「拄杖子」，該受師家的棒打了。

「七十二棒且輕恕，一百五十難放君。」禪者常說：「七十二棒，翻成一百五十。」（《圓悟錄》卷9）灑灑落落者，一聞便透。如果斤斤計較於數目，就死在句下，而錯過師家的言外之旨。雪竇化用其意，用幽默的口吻說，既然你已灑灑落落，就不必輕打七十二，而要痛打一百五！並驀地拈起拄杖下座，意在顯發自性的當機大用。

此詩在寫法上運用了觸背句式：「燒尾者不在拏雲攫霧，曝腮者何必喪膽亡魂」，用一正一反將得失觀念鏟卻；「七十二棒且輕恕，一百五十難放君」，用矛盾錯謬將計較念頭鏟平。作者以散文句式入詩，以短語相錯綜，使頌古具有奇古蒼莽

之氣，體現了作者灑落寫意的襟懷。

　　表達自性當機大用遊戲三昧的，有「金牛作舞」公案及頌古。《碧巖錄》第74則：

　　　　金牛和尚每至齋時，自將飯桶，於僧堂前作舞，
呵呵大笑云：「菩薩子吃飯來。」雪竇云：「雖然如此，
金牛不是好心。」僧問長慶，古人道：「菩薩子吃飯
來，意旨如何？」慶云：「大似因齋慶讚。」

雪竇的話，曾惹起很多人的情解，圓悟批評這些揣測是「所謂醍醐上味，為世所珍。遇斯等人，翻成毒藥」。雪竇的頌古，用藝術手法將公案情景再現一遍，採取不觸不犯的方式，暗示明眼禪僧，應於象外見意：

　　　　白雲影裡笑呵呵，兩手持來付與他。
　　　　若是金毛獅子子，三千里外見誵訛。

「白雲影裡笑呵呵，兩手持來付與他。」兩句描狀出金牛作舞的自在自得情景，謂金牛的作略一似長慶所說的因齋慶讚。但金牛到底只是召呼眾人吃飯，還是別有奇特，雪竇並沒有點破，而是讓讀者自己去體悟。

　　「若是金毛獅子子，三千里外見誵訛。」雪竇指出，如果向這裡領悟了，便是個金毛獅子般的猛利禪者，用不著金牛

端著飯桶跳舞大笑。如果法眼通明，即使在三千里外，一看就知道金牛這種作略根本就是一場敗缺。

　　雪竇此詩用白描技法，形象地再現了金牛作舞的情景。為了避免知性的解說，雪竇對公案的主旨隻字不提。但通過著語，充分暗示了金牛作舞蘊含著險峻而豐富的機趣。詩的後二句與著語相呼應，引發起讀者的懸念。整首詩說而不說，不說而說，深得禪宗剷除語言直指自性的神髓，活潑而蘊藉地渲染出自性的妙用。

　　表達自性活潑妙用的還有「南山鱉鼻」公案及頌古。《碧巖錄》第22則：

　　　雪峰示眾云：「南山有一條鱉鼻蛇，汝等諸人，切須好看。」長慶云：「今日堂中，大小有人喪身失命。」僧舉似玄沙，玄沙云：「須是棱兄始得，雖然如此，我即不恁麼。」僧云：「和尚作麼生？」玄沙云：「用『南山』作什麼？」雲門以拄杖掉向雪峰面前，作怕勢。

雪峰與岩頭、欽山同行，三到投子，九上洞山，開悟後在福建象骨山住持寺院。本則公案中，雪峰的示眾，塞斷人口，使你無計較尋思處。長慶、玄沙都是他的弟子，自然懂得他的意思，能回答得恰到好處。「長慶慧棱、玄沙師備、雲門文偃皆為雪峰門下，各借鱉鼻蛇以示自身修學真理之情形。鱉

鼻毒蛇，比喻為本來真面目，或指雪峰自身。長慶表示全身
皆體悟其威力；玄沙以蛇毒氣遍在宇內，故不必用南山，直
看取其遍法界之相；雲門顯示其活用，於當下露現鱉鼻蛇全
體。」（《佛光大辭典》第4832頁）雪竇喜愛雲門契證雪峰的意
旨，頌道：

象骨岩高人不到，到者須是弄蛇手。
棱師備師不奈何，喪身失命有多少？
韶陽知，重撥草，南北東西無處討。
忽然突出柱杖頭，
拋對雪峰大張口。
大張口兮同閃電，
剔起眉毛還不見。
如今藏在乳峰前，來者一一看方便。
（師高聲喝云：「看腳下！」）

「象骨岩高人不到，到者須是弄蛇手。」雪竇讚歎住在雪峰山
下象骨岩的雪峰禪師，機鋒陡峻，很少有人能和他酬唱應對。
雪竇和他悟境相同，自然能同聲相應，同氣相求。對這「鱉
鼻蛇」，必須是善於把玩的人才能了解。如果不善把玩，反而
會被蛇咬傷。長慶、玄沙就是有弄蛇手段的禪者。

　　「棱師備師不奈何」，人們都說雪竇認為長慶、玄沙奈何
不了，所以獨讚雲門，這是不對的。殊不知三人中，並沒有

誰對誰錯的區別，只是領悟的深淺有不同而已。對到底什麼
是棱師、備師「不奈何」之處，雪竇引而不發，讓讀者自己
去體味。「喪身失命有多少?」此句頌詞回應長慶「今日堂中，
大有人喪身失命」，謂必須具有弄蛇的手段才能明白長慶之
意，否則就會喪身失命。

「韶陽知，重撥草」，雪竇為了突出雲門的機用，強調說
只有雲門知道驚鼻蛇的下落，所以重新撥草追尋。雪竇頌到
這裡，更作波峭說:「南北東西無處討」，波瀾驟起，突生懸
念: 這條驚鼻蛇到底在什麼地方，為什麼到處追尋都不見牠
的蹤跡?

「忽然突出拄杖頭，拋對雪峰大張口。」雪竇吟詠至此，
又自己供出答案說，原來驚鼻蛇不在別處，就在拄杖頭上，
但你不能因此便向拄杖頭上思忖。雲門以拄杖擲向雪峰面前
作出害怕的樣子，就是將拄杖子當作驚鼻蛇來使用。雲門曾
說:「拄杖子化為龍，吞卻乾坤了，山河大地在什麼地方?」
雖然不過是一條拄杖子，卻有時能作龍，有時能作蛇，可見
雲門實在深得隨心所欲、變化自如的遊戲三昧。

「大張口兮同閃電，剔起眉毛還不見。」雪竇承接上文之
意拈出雲門毒蛇說，牠張開大口，吐出毒信，如同閃電相似，
若稍一尋思擬議，就會被牠咬住，喪身失命。牠是如此的變
幻無定，轉瞬即逝。當你感受到牠的活潑妙用，想注目觀看
時，牠又早已不知到哪裡去了。雪竇頌到這裡，將雪峰蛇拿
來把玩，或殺或活，或呼或遣，擒縱自如，臨機應變。

「如今藏在乳峰前，來者一一看方便。」雪竇再一次自供答案說，你想看看那條蛇麼，牠正藏在乳峰山前呢。乳峰是雪竇山名。長慶、玄沙、雲門，雖然能夠弄蛇卻不能見蛇，所以雪竇警醒學人，好好看取目前。雪竇頌到這裡，意猶未了，高聲喝道：「看腳下！」指示各人識取當下現成的活潑自性。

此詩以驚鼻蛇作為中心意象，以弄蛇為主線，對雪峰、長慶、玄沙、雲門四人的悟道情形作了精彩絕倫的再現，並根據自己的禪悟體驗，對四人悟境的深淺作了品評。詩中強調「弄蛇手」的高明，指出火候不到者會喪身失命。雪竇為了啟發讀者明見本源心性，指出如今此蛇就藏在自己說法的乳峰之前，讓眾人識取全機現前的活潑自性。此詩用神來之筆，將自性之蛇寫得或卷或舒，忽出忽沒，奇譎多變，神秘恍惚，把自性的妙用形容得淋漓盡致。

「乾坤一寶」公案及頌古也對自性妙用作了超離情識的象徵。《碧巖錄》第62則：

　　雲門示眾云：「乾坤之內，宇宙之間，中有一寶，秘在形山。拈燈籠向佛殿裡，將三門來燈籠上。」

普通的寶物，閉藏於山中，便不能為人所知，更不能發揮作用，而自性之寶雖然秘藏在形山（五蘊）當中，卻能鑑物觀照，發揮神妙的作用。雲門借用《寶藏論》的句子來示眾，

旨在點明自性人人具足，個個現成。「形山」就是四大五蘊。諸佛本在心頭，迷人卻偏要向外求覓。禪宗認為，只要識得自家寶藏，即可歸家穩坐。但有的參禪者執著昭昭靈靈就是家寶，卻不能使它顯發大用，同樣達不到奇妙的境界。因此雲門又再下註腳說：「拈燈籠向佛殿裡，將三門來燈籠上。」
「拈燈籠向佛殿裡」，常情還可以測度；「將三門來燈籠上」，常情就無法測度了。「所謂絕對法，存在於肉體中，是佛教教理所常談，自然也是究極原理的表現，可是在這裡不能認為就是變通自在的活躍。然而現在雲門要把這究極原理使之轉到活處，所以說出『將三門來燈籠上』，使用著在一般人的相對的知——情識推理上不能理解的話頭。……一寶尚不認識的人，唯依賴著相對而生存。所以雲門為要打破一切而使自在的把握到一寶的光明。」（《禪學講話》第161～162頁）雲門的這句話把學人的情識妄想、得失是非通通打破。雲門一生都在與人抽釘拔楔，雪竇很喜歡雲門的機鋒，頌云：

看，看，古岸何人把釣竿？
雲冉冉，水漫漫，明月蘆花君自看。

「看，看，古岸何人把釣竿？」雪竇就雲門示眾後面兩句頌出。你如果瞪目努眼來理解，就絲毫也不能領悟它的意旨。如果只是瞪目努眼，就會窒息活潑的機用，難以脫卻根塵，所以雪竇說雲門如在古岸把釣竿相似，釣的是大根大器者。

「雲冉冉，水漫漫，明月蘆花君自看。」白雲輕飄，碧波彌漫，明月照蘆花，蘆花映明月，是一個通體澄明的境界。

此詩與一般頌古之作不同之處，在於脫離了與原公案的機械的一一對應關係，在透徹地把握公案精髓的基礎上，另闢新境，創造了古岸把釣竿的新奇喻象，並以雲徘徊水蕩漾明月蘆花相輝映的澄明景象，呈顯出意路不到的禪悟之境。高華明潔，雋永深長。

象徵自性活潑妙用的還有「透網金鱗」公案及頌古。《碧巖錄》第49則：

> 三聖問雪峰：「透網金鱗未審以何為食？」峰云：
> 「待汝出網來，向汝道。」聖云：「一千五百人善知
> 識，話頭也不識。」峰云：「老僧住持事繁。」

本則公案中，「魚」喻人們的佛性、自性，「網」喻世間生活或精神上的種種煩惱。「透網金鱗」比喻從修行證悟的束縛解脫而出的境界。三聖借透網金鱗自比，問雪峰用什麼方法可以使自性顯露出來。雪峰是久經沙場的宗師，對此只是輕輕一撥：「你的自性顯露了沒有？如果開悟了我就給你說。」三聖如果說自己沒有透網，就有辱師門；說自己透網了，又犯了大忌。三聖機警地避開雪峰的鋒芒：「您是叢林領袖，怎麼連話頭也聽不懂？」雪峰久經沙場，陣腳絲毫不亂，用「老僧住持事繁」巧妙地擋回了問題。三聖雖然知道自性不可局限

在小天地以內（網），但在問話中，仍然流露出他的意識裡還
有一個大小相對的空間觀念存在。殊不知法身遍布宇宙，在
自性以外並沒有一個網。自性超絕對待，因此不能在自性之
外，安立任何名相。雪峰的回答，是運用截流之機使三聖獲
得超越空間的體會。雪竇頌云：

> 透網金鱗，休云滯水。
> 搖乾蕩坤，振鬣擺尾。
> 千尺鯨噴洪浪飛，一聲雷震清飆起。
> 清飆起，天上人間知幾幾？

「透網金鱗，休雲滯水。」法演說這一句已把公案的全部意思
給頌出來了。既然是透網的金鱗，就不會困居在不流動的死
水中，必須游向波濤浩渺白浪滔天的地方。

「搖乾蕩坤，振鬣擺尾。」這是對當時法戰情境的精彩再
現。自性的作用好似透網金鱗，搖鬣擺尾時，簡直可以振蕩
乾坤，翻天覆地。

「千尺鯨噴洪浪飛」，頌三聖「一千五百人善知識，話頭
也不識」這句話，如鯨噴洪浪氣勢威猛。「一聲雷震清飆起」，
頌雪峰「老僧住持事繁」，如雷震飆起大用現前。頌古的意旨
在於讚揚雪峰、三聖都是宗師。

「清飆起，天上人間知幾幾？」結句以金鱗透網時的恢弘
氣象，將讀者的思緒引向酌之不竭、挹而愈甘的雄奇壯麗情

境，含不盡之意於言外。

　　此詩以透網金鱗作為主要意象，以搖乾蕩坤，振鬣擺尾，鯨噴浪飛，雷震飆起，喻自性顯發活潑大用。詩歌氣勢雄猛，如天風海雨撲面而來，使人身臨其境，感受到金鱗透網的自在與通脫。

本心的迷失

　　對本心迷失的反省構成了禪宗哲學迷失論的內容。禪宗迷失論揭示本心擾動、不覺、缺憾、執著的狀況及緣由。禪宗認為，人的本來面目清純無染，隨著自我意識的產生，人們逐物迷己，迷己逐物，從而導致了本心的迷失。禪宗公案和頌古，從各自的角度表現了對迷失的反省。在《頌古百則》中，表達對本心迷失思考的公案較少。這是因為禪宗公案注重揭示本源心性的超越質性、注重揭示頓悟成佛的不二法門、注重揭示內證絕言的禪悟境界，而對本心為什麼會迷失這樣一個學理性較強的問題，則較少注意。在為數不多的與此相關涉的公案中，也僅是指出本心迷失這一事實，而不過多作理性的思考。而禪之所以為禪，其特色也正在這裡。

㈠逐物迷己

　　追逐外物，從而迷失了本源心性，這是禪宗的基本看法。表達對本心迷失之反省的，有「鏡清雨滴」公案及頌古。《碧

巖錄》第46則：

> 　　鏡清問僧：「門外是什麼聲？」僧云：「雨滴聲。」
> 清云：「眾生顛倒，迷己逐物。」僧云：「和尚作麼生？」
> 清云：「泊不迷己。」僧云：「泊不迷己，意旨如何？」
> 清云：「出身猶可易，脫體道應難。」

本則公案中，鏡清明明知道是「雨滴聲」，卻問學僧是什麼聲音，這種機法，如同探竿影草，旨在考驗僧人的悟境。僧人隨著舌根轉，說是雨滴聲，可謂「貪他蓑笠者，失卻舊茅亭」。殊不知，「軒簷水玉，原係己身」，若是真正無心，臻於放棄一切妄想的省悟境界，則所聽到的屋簷下雨滴聲就是自己，在這種境界裡沒有自己與其他的對立。此時，會有好像自己變成雨滴的感覺，不知道是自己滴落下來，還是雨水滴落下來，這就是雨水與自己成為一體的世界，也就是「虛堂雨滴聲」所表現的世界。自己與雨滴聲合而為一，就是無心的世界。聽到雨滴聲，並與雨滴聲合為一體，是超越經驗的純粹經驗。

　　由於僧人站在物我分離的立場上回答是「雨滴聲」，所以鏡清予以批評。學僧反問鏡清如何體會，鏡清說：「等到能不迷失自己的時候就會明白。」學僧仍然沒有領會，鏡清便入泥入水，對他說：「出身猶可易，脫體道應難。」——突破身心的牢籠，從這個迷惑的世界超脫出來還容易，要想使道體透

脫出來就困難了。所謂使道體透脫，就是使道體從其安住的
超悟之境再脫離出來，重新回歸於這個聲色紛紜的現象界。
「如果停留在『絕不迷惑』的小乘羅漢境界裡，是絕對不可
能解脫的。必須『和光同塵』，使自己覺悟的光明柔和下來，
與眾生迷妄顛倒的迷惑世界打成一片，還要以最好的方法表
現出自身的了悟境界，去教導人們。」(《一日一禪》第216頁)
雪竇頌云：

> 虛堂兩滴聲，作者難酬對。
> 若謂曾入流，依前還不會。
> 曾不會，南山北山轉滂霈。

「虛堂兩滴聲」之所以使得深諳禪理的行家也難以「酬對」，
是因為如果你喚它作兩滴聲，則是迷己逐物。但如果不喚作
兩滴聲，它不是物，你又如何轉物？「若謂曾入流，依前還不
會。」仍用《楞嚴經》意旨：「初於聞中，入流亡所。所入既
寂，動靜二相，了然不生。」這是《楞嚴經》裡觀世音菩薩的
音聲入定法門，聽一切聲音，聽到「入流」（進入法性之流），
「亡所」（所聽的聲音聽不見了），「所入既寂」，聲音寂滅了，
清淨到極點，然後，動相（一切聲音）、靜相（沒有聲音），
了然無礙，一念不生。雪竇說，縱使到了這個境界，也仍然
沒有進入禪的大門。結句以「南山北山轉滂霈」，形容越來越
大的雨滴聲，以及聽雨者能所俱泯、即心即境的直覺體驗，

可謂不著一字，盡得風流。

　　雪竇此詩先以「虛堂雨滴聲，作者難酬對。若謂曾入流，依前還不會」點出簷前雨滴公案機鋒的陡峻，連行家也難以「酬對」。再運用楞嚴三昧和金剛般若入詩，「若謂曾入流」潛蘊著「入流亡所」的楞嚴三昧，禪心幽秀，悟入玄微；而「依前還不會」的金剛般若，則又將之掃卻，從而使禪悟體驗躍入新的層面，上升到絕巔至極之處，不立文字，言亡慮絕。最後用現量境作結，提示道「曾不會，南山北山轉滂霈」，指出只有能所俱泯，才能充分體證到「南山北山轉滂霈」的現量情境。

㈡自昧本來

　　本來面目淨裸裸赤灑灑，顯發著無窮妙用。由於受到了客塵的障蔽，致使人們不能認識它，不能直下承擔，使之顯發大用。象徵本心迷失的，有「鹽官犀扇」公案及頌古。《碧巖錄》第91則：

> 　　鹽官一日喚侍者：「與我將犀牛扇子來。」侍者云：「扇子破也。」官云：「扇子既破，還我犀牛兒來。」侍者無對。投子云：「不辭將出，恐頭角不全。」石霜云：「若還和尚即無也。」資福畫一圓相，於中書一「牛」字。保福云：「和尚年尊，別請人好。」

禪宗時時刻刻以究明本心為念。本則公案中，鹽官以犀牛扇子作為象徵，為的是讓人們看到自己的本來面目。資福在圓相中畫「牛」字，即是提示犀牛扇子係指大全自性，而非指作為實物的扇子。雪竇頌云：

> 犀牛扇子用多時，問著原來總不知。
> 無限清風與頭角，盡同雲雨去難追。

「犀牛扇子用多時，問著原來總不知。」每個人都有一柄犀牛扇，在生命的時時刻刻，都仰仗其發揮作用，它是生命的本源。但當師家詢問它時，學人卻並不知道自身本具。兩句感歎世人逐物迷己，只知道追尋外物，卻不知道自身本具的「犀牛扇」、「玻璃盞」。

「無限清風與頭角，盡同雲雨去難追。」因為人們不識本有的佛性，不識自性的犀牛，於一問之時懵然不知，從而使得犀牛扇子的無限清風，隨著頭角崢嶸的犀牛一道，如同雲飛雨逝般一去難追。反之，如果知道人人本有的那一柄犀牛扇，在一問之時，就用不著去管什麼扇子，只須做個搖扇的動作，就可以使人頓時感受到清風習習，宇宙清涼。

此詩前二句通過對公案的品鑑，表達了「百姓日用而不知」的感悟。三四句以「清風」、「頭角」，雙綰扇子與犀牛，並將之與易逝難追的「雲雨」相類比，生動形象地傳達出對世人不識本心的惋歎之情。

公案頌古與不二法門

「本來面目」的失落是由於二元意識的生起。
在所有的二元對立中,自他對立是最嚴重的一組,
因此禪宗不二法門非常注意對自他對立的消解,
使自他不存,能所俱泯,以回歸於本心。

　　禪宗開悟論揭示超越分別執著以重視清淨本心的方法與途徑。佛教的開悟方法素有漸修與頓悟二途，對於禪的靈魂公案來說，它所體現的開悟論是電光石火式的頓悟法門，而非磨鏡調心式的漸修方法。在頓悟法門中，又以不二法門構成其主要內容。《碧巖錄》中運用不二法門的公案有：

　　⑴泯除揀擇：至道無難（第2則、第57～59則）、俱胝一指（第19則）、禾山解打鼓（第44則）、雲門胡餅（第77則）、雲門花藥欄（第39則）、洞山麻三斤（第12則）。

　　⑵截斷意路：南泉斬貓（第63則）、趙州頂鞋（第64則）、雲門對一說（第14則）、雲門倒一說（第15則）、香林坐久成勞（第19則）、鎮州蘿蔔（第30則）、隨他去（第29則）、前三三後三三（第35則）。

　　⑶懸擱語言：閉嘴說禪（第70～72則）、外道問佛（第65則）、離四句絕百非（第73則）、文殊白槌（第92則）、大士講經（第67則）。

　　⑷消解自他：巴陵吹毛劍（第100則）、仰山不曾遊山（第34則）。

　　⑸融匯生死：日面佛月面佛（第3則）、大龍法身（第82則）、洞山無寒暑（第43則）、道吾不道不道（第55則）。

　　⑹打通聖凡：資福圓相（第33則）、保福妙峰頂（第23則）、蓮花拄杖（第25則）、長沙遊山（第36則）、國師十身調御（第99則）。

　　⑺圓融空有：龍牙西來意（第20則）、大死卻活（第41則）、

麻谷振錫（第31則）。

禪宗的不二法門，源於《維摩經‧入不二法門品》。《碧巖錄》第84則：

維摩詰問文殊師利：「何等是菩薩入不二法門？」文殊曰：「如我意者，於一切法，無言無說，無示無識，離諸問答，是為入不二法門。」於是文殊師利問維摩詰：「我等各自說已，仁者當說，何等是菩薩入不二法門？」雪竇云：「維摩道什麼？」復云：「勘破了也。」

維摩詰請諸位大菩薩各說不二法門，三十二位菩薩，都認為超越相對的見解如有為無為、真俗二諦，就是不二法門。後來詢問文殊，文殊說：「於一切法，無言無說，無示無識，離諸問答，是為入不二法門。」文殊以無言遣言，固然較三十二位菩薩以言遣言為高，卻不知靈龜曳尾，拂跡成痕。於是文殊又問維摩詰什麼是不二法門，維摩默然。雪竇著語說「維摩道什麼？」「勘破了也。」雪竇頌云：

咄這維摩老，悲生空懊惱。

臥疾毗耶離，全身太枯槁。

七佛祖師來，一室且頻掃。

請問不二門，當時便靠倒。

不靠倒，金毛獅子無處討！

「咄這維摩老，悲生空懊惱。」「咄」、「空」皆係反辭，用否定的語氣表示對維摩詰「菩薩疾者，以大悲起」的同體大悲襟懷之肯定。

「臥疾毗耶離，全身太枯槁。」維摩通過示疾，廣為諸位大菩薩及其弟子說法：「是身無常、無強、無力、無堅，速朽之法，不可信也。為苦為惱，眾病所集。」維摩以無礙的辯才，宣說著肉體生命的「枯槁」。

「七佛祖師來，一室且頻掃。」文殊過去世曾作過七佛祖師，奉佛陀旨意前來問疾，維摩遂於方丈內除去所有，唯留一榻以待文殊。

「請問不二門，當時便靠倒。」文殊請教不二法門，維摩當時默然不答，以致後世的參禪者認其無語即是「靠倒」（用文殊的話頭將文殊挫敗），大錯特錯。雪竇將人逼拶到萬仞懸崖之上，卻一手搦一手抬，驀地轉折說「不靠倒，金毛獅子無處討！」維摩一默，並不意味著將文殊「靠倒」，因此縱是「金毛獅子」般的參禪者，也無法窺探到維摩一默的妙諦！

此詩前四句，以明抑暗揚的筆法，讚歎維摩自他不二的大悲襟懷，和匡床臥疾的高人風儀。維妙維肖，聲情併茂，是對文殊探問不二法門的有力鋪墊。「請問不二門，當時便靠倒。」描摹維摩機鋒之敏銳，以矛攻盾，將對方挫敗。後二句隨即又予掃除，說維摩的用意，決非僅僅限於要「靠倒」對

方，維摩一默內涵豐厚，天下衲僧皆難窺其奧妙。維摩一默
是以無言顯般若，而雪竇的《頌古百則》則是以有言顯般若。
從這個意義上說，雪竇頌古頗有得不二法門神髓之妙。

泯除揀擇

「揀擇」即是執著分別，「泯除揀擇」是遣除執著心，消
泯分別念。三祖僧璨《信心銘》說：「至道無難，唯嫌揀擇」，
謂佛祖大道，本來平等，無階級無差別，自由自在，由於眾
生的揀擇、憎愛而產生了難易之別。如果沒有取捨憎愛，就
會十方通暢、八面玲瓏。《碧巖錄》中直接關涉到這句禪語的
公案，有第2則、第57則、第58則、第59則。《碧巖錄》第2則：

趙州示眾云：「至道無難，唯嫌揀擇。才有語言，
是揀擇？是明白？老僧不在明白裡，是汝還護惜也
無？」時有僧問：「既不在明白裡，還護惜個什麼？」
州云：「我亦不知。」僧云：「和尚既不知，為什麼卻
道不在明白裡？」州云：「問事即得，禮拜了退。」

「至道」，即至極之大道、佛祖之大道，亦即宇宙的最高真理。
「至道無難」公案意謂凡事僅須無相無念去做，則要體會大
道，並無困難；若有好惡、染淨、迷悟、彼我、取捨、憎愛
等之分別情念，即落入揀擇差別之見，以此毫釐之差，必成

天壤懸隔之別。趙州拈提「至道無難，唯嫌揀擇」，為學人開
示如何提起直觀頓悟的禪秘要旨。「揀擇」是憎愛妄心，自然
必須遣除；「明白」是虛明自照之智，卻同樣要加以遣除，這
是因為如果墮在虛明的境界裡，還是禪病，因此趙州警示學
人不可住於虛明。學人不明趙州言外之意，逼拶趙州說：「既
不在『明白』裡，還『護惜』個什麼？」趙州遊刃有餘，只是
說「我亦不知」，就四兩撥千斤地化解了學人的攻勢。問話僧
再次發問：「和尚既然『不知』，為什麼卻道『不在明白裡』？」
趙州仍顯出大師風範，對他說：「詢問的事，到此為止，禮拜
之後且退下。」這僧毫無縫隙可乘，只得敗下陣來。趙州不行
棒施喝，只是用平常言語接人，卻能滴水不漏，天下人奈何
他不得。雪竇頌云：

> 至道無難，言端語端。
> 一有多種，二無兩般。
> 天際日上月下，檻前山深水寒。
> 骷髏識盡喜何立，枯木龍吟銷未乾。
> 難難，揀擇明白君自看。

「至道無難，言端語端」，與「至道無難，唯嫌揀擇」看似不
同，實則無異。因為從般若悟心源頭流出的一切文字，都與
實相不相違悖。不但不是揀擇，而且是顯現真理的文字般若。
　「一有多種，二無兩般。」本體是一，現象是二。絕對的

本體通過紛紜的事相顯現出來（一有多種），紛紜的事相顯現著絕對的本體（二無兩般）。體用相即，體由用顯，用由體發。打成一片之時，依舊山是山水是水，天是天地是地。有時喚天作地，有時喚地作天，有時喚山不是山，喚水不是水。

「天際日上月下，檻前山深水寒。」雪竇才氣縱橫，雖然前四句已頌完公案，意猶未盡，仍然興會淋漓地繼續吟詠。此二句用神奪造化之筆，描摹出一幅天然現量圖景：在泯滅了一多之別、纖塵不立的悟境中，天邊紅日噴薄時殘月便徐徐落下，檻前青山潑黛時秋水便漸漸變寒。自在自為，言端語端，頭頭是道，物物全真，心境俱忘，打成一片。此詩前部分孤峭萬仞，後部分則曲通一線。見地透達者視此如醍醐上味，情解未忘者對此便滿頭霧水。

「骷髏識盡喜何立，枯木龍吟銷未乾。」此二句再闢新境，運用了奇特的禪定直覺意象來吟詠「至道無難，唯嫌揀擇」。禪宗用「枯木裡龍吟」喻滅絕一切妄念，至大死一番處，蘇生復活，而得大自在，用「骷髏裡眼睛」喻已斷除情識分別，死中得活。「至道」非分別之識所知，只有將心識滅盡，才能大活，這便是骷髏無識。骷髏識盡，情塵不存，法眼通明，頌「才有語言，是揀擇」。枯木龍吟，生機不斷，機用流轉，頌「老僧不在明白裡」。

「難難，揀擇明白君自看。」雪竇將公案盡情吟誦之後，又作翻案之語，將《信心銘》、趙州法語中的「無難」易為「難難」，以表達自己的體悟，指出要體會「至道無難」實在不易，

因為「才有語言，是揀擇」，如果人們黏滯於自己以上的頌詞，就會形成新的執著，所以雪竇又予掃除說「揀擇明白君自看」，以啟發學人自證自悟。

從表達手法上看，此詩正說（至道無難，言端語端）、反說（難難），從不同的角度啟發人們神妙地運用語言、超越語言，以自證自悟。頌古從不同的側面，對公案精髓進行了精彩再現，在闡釋公案要旨、盡攝公案神韻的同時，創造新奇的意境。這種意境，超言絕慮，呈現著至易至難、至難至易的禪悟之美。

《碧巖錄》第57則、58則、59則還收入了另外三則「至道無難」公案及頌古。《碧巖錄》第57則：

> 僧問趙州：「至道無難，唯嫌揀擇，如何是不揀擇？」州云：「天上天下，唯我獨尊。」僧云：「此猶是揀擇。」州云：「田庫奴，什麼處是揀擇？」僧無語。

趙州常用《信心銘》「至道無難，唯嫌揀擇」勘問學人，學人將這句話轉過來問他，趙州回答「天上天下，唯我獨尊」，用法身遍在來暗示不揀擇的心境。學人認為趙州有「唯我獨尊」的意念，仍然是揀擇。趙州能從撥不開的地方撥開，轉不動的地方轉動，劈口便塞斷說：「田庫奴，什麼處是揀擇？」「天上天下，唯我獨尊」這句話，雖然在法身遍在的意義上是一種「揀擇」，但如果一味執著於空，又會陷於惡平等。雪竇頌

云：

> 似海之深，如山之固。
> 蚊虻弄空裡猛風，螻蟻撼於鐵柱。
> 揀兮擇兮，當軒布鼓。

「似海之深，如山之固。」頌趙州之答氣度沉雄。趙州答語中的「我」，不是一般意義上的我，而是法身。法身如海深山固。同時，海深山固也比喻趙州的答語深不可測，堅固不可動搖，以反形下文。

「蚊虻弄空裡猛風，螻蟻撼於鐵柱。」僧人聽到趙州的回答後，仍說「此猶是揀擇」，趙州便當頭截斷：「鄉巴佬，什麼處是揀擇?」這就是「猛風」、「鐵柱」。僧人的問話，一似蚊虻在猛風裡飛舞，螻蟻搖撼著鐵柱。雖然猛風不可弄，鐵柱不可撼，但僧人膽氣可嘉，因為只有出格之人才能使出如此手段。

「揀兮擇兮，當軒布鼓。」雪竇在使人妄想大死之後，又使人大活過來。以一切現成之境，形容趙州之語昭昭白白，如在窗前播動布鼓相似，秘響玄音，知音者自可心領神會。

此詩喻象鮮明，以海深山固，形容法身遍在及答語的深微堅固；以蚊虻弄猛風、螻蟻撼鐵柱這種弱小者對強大者的抗爭，喻學人敢於挑戰師家的膽氣；以「當軒布鼓」，啟發人們用心靈去感應公案的妙義。全詩由三組比喻組成，意象變

換迅速，騰挪跳宕。散文、騷體句式錯綜成篇，增強了一唱三歎的藝術效果。

《碧巖錄》第58則，可以看作是運用不二法門的大巧若拙式神來之筆：

> 僧問趙州：「至道無難，唯嫌揀擇，是時人窠窟否？」州云：「曾有人問我，直得五年分疏不下。」

所謂「窠臼」，即棲身之處。趙州接人不行棒喝，機用卻勝於棒喝。學人的問題很奇特，趙州說對它經過了五年的思考參究仍然闡釋不清楚，因為這「窠窟」不是別的，「還是坐在那明白窠窟裡的問題。……從凡入聖易，即聖入凡難，只仰望毗盧向上事而忘失自己腳底事，是參禪人的通病，所以說『曾有人問我，直得五年分疏不下』。嫌揀擇入聖之路易識，『不坐在明白裡』去作一頭水牯牛，或者如趙州常說自己『是一頭驢』的從聖入凡向異類去難」。雪竇頌云：

> 象王嚬呻，獅子哮吼。
> 無味之談，塞斷人口。
> 南北東西，烏飛兔走。

此詩雖結體短小，卻極盡開闔縱奪之能事。先是以「象王嚬呻，獅子哮吼」兩句描畫出趙州答語的氣勢威雄，再以「無

味之談，塞斷人口」吟讚趙州的答語是意路難透的活句，而非可以意解的死句。再以「南北東西，烏飛兔走」對無味之談作形象呈現：雖有南北東西的方位、烏飛兔走的運行，然而，禪是超越南北東西的南北東西，是超越烏飛兔走的烏飛兔走，是一切現成的現量境，容不得任何揀擇思量。

《碧巖錄》第59則通過箭鋒相拄的機趣表達了不二法門的精髓：

> 僧問趙州：「至道無難，唯嫌揀擇。才有語言，
> 是揀擇，和尚如何為人？」州云：「何不引盡這語。」
> 僧云：「某甲只念到這裡。」州云：「只這至道無難，
> 唯嫌揀擇。」

趙州有逸群的辯才，平常示眾說：「至道無難，唯嫌揀擇。才有語言，是揀擇，是明白。」學人鑽空子發問說，既然一有語言就是揀擇，那麼你教示眾人的話也是揀擇了。趙州以子之矛攻子之盾，說「何不引盡這語」。所謂「這語」指《信心銘》原文中，「至道無難，唯嫌揀擇」後面的「但莫憎愛，洞然明白」兩句，它是前兩句的註腳。問話僧似懂非懂，只說：「我只念到這裡。」趙州答道：「這就是至道無難，唯嫌揀擇。」表面上是將《信心銘》首二句重念一遍，實則大有深意。趙州之答，離四句絕百非，只有不存任何揀擇之念者才能看透。稍一猶豫，即有胡越之隔。

　　水灑不著，風吹不入。

　　虎步龍行，鬼號神泣。

　　頭長三尺知是誰，相對無言獨足立。

「水灑不著，風吹不入。」點明趙州答語把斷要津，綿密嚴謹。「虎步龍行，鬼號神泣。」形容趙州答語有龍馳虎驟般雍容氣度，和摧人肺腑的感染力。不但這僧為之折服，連鬼神也要為之號泣。

　　「頭長三尺知是誰，相對無言獨足立。」這兩句詩運用了禪門典故。僧問洞山：「如何是佛？」洞山說：「頭長三尺，頸長二寸。」(《五燈會元》卷13〈良价〉)義懷參謁雪竇獻〈投機偈〉：「一二三四五六七，萬仞峰頭獨足立。驪龍頷下奪明珠，一言勘破維摩詰。」(同上卷16)雪竇引用這兩則典故，活靈活現地畫出趙州古佛的精神氣貌。從對趙州答語的吟詠，轉到對趙州精神氣質的刻劃，設喻新奇險怪，給人以耳目一新之感。

　　表達泯除揀擇禪悟體驗的還有「俱胝一指」公案及頌古。《碧巖錄》第19則：

　　　俱胝和尚，凡有所問，只豎一指。

如果在指頭上去思索俱胝的意思，不啻緣木求魚。因為俱胝豎指的意思並不在指頭上，而在於手指所表現的真理，即斷

絕對立和分別的絕對的世界，天地宇宙皆攝於一指。一切森
羅萬象，無不以真如為體，其性平等，一切現象的實體就是
萬象的實體。俱胝一指，是天地與我（佛性）一體的一指，
是一即森羅萬象，森羅萬象歸於一的一指，也是華嚴「一即
一切，一切即一」的一指。雪竇頌云：

> 對揚深愛老俱胝，宇宙空來更有誰？
> 曾向滄溟下浮木，夜濤相共接盲龜。

「對揚深愛老俱胝，宇宙空來更有誰？」禪林宗師，應機說法，
一問一答，當面提持，即是「對揚」。雪竇喜愛俱胝豎指接人
的作略，認為自天地開闢以來，只有俱胝一人擅用此機。若
是其他的人接機時，往往亂用機鋒，唯有俱胝終身擅用一指
頭接人。

「曾向滄溟下浮木，夜濤相共接盲龜。」眾生在生死苦海
之中，頭出頭沒，此生彼死，此死彼生，不能徹見本心，永
遠難以出離業識的大海。俱胝慈悲接引，在生死苦海中以一
指頭接人，度人出離生死。他豎起的一指，如同向生死苦海
中放下浮木，接引盲龜，使眾多迷人得以到達涅槃彼岸。

此詩前二句鋪陳其事，讚歎俱胝的機用，並以宇宙的空
闊廣袤為後文作鋪墊。後二句熔鑄《法華經》意象入詩，境
界蒼涼雄闊，氣格高古悲涼，流露出獨坐大雄峰的曠世傲兀
和普渡眾生的大悲情懷。

與俱胝一指同出一轍的是「禾山解打鼓」公案及頌古。
《碧巖錄》第44則：

> 禾山垂語云：「習學謂之聞，絕學謂之鄰。過此
> 二者，是為真過。」僧出問：「如何是真過？」（禾）
> 山云：「解打鼓。」又問：「如何是真諦？」（禾）山云：
> 「解打鼓。」又問：「即心即佛即不問，如何是非心
> 非佛？」（禾）山云：「解打鼓。」又問：「向上人來時
> 如何接？」（禾）山云：「解打鼓。」

唐末五代禾山無殷禪師對於學人的參問，四次均答以「解打
鼓」。禾山的垂語，出自《寶藏論》。《寶藏論》說，有學的聲
聞、緣覺二乘位叫做「聞」；習學既盡，證得無學的聖位叫做
「鄰」，謂之絕學無為閑道人，此時才開始與道相近。超越了
這兩者，才是真正地通過了修行歷程，邁入菩薩乘，是徹底
向上的境界。學人的反應很快，聽了禾山的垂語後，便問如
何是真正的超越，禾山說：「我懂得打鼓。」可謂言無味語無
味，想要明白它的底蘊，必須是修證已經透脫的人才行。因
為這句話容不得推理、議論，要悟當下便悟。在這以後學人
又有三問，禾山都一律用「解打鼓」回答，其意旨在於「開
示真正之解脫唯在於領會此一包含所有事實而始終同一之
『解打鼓』。……蓋真正體會諸佛悟境之人，視無味之言語，
無關於慧解；若能於此理會，則當下猶如桶底脫落，執情盡

除而驀然開悟」(《佛光大辭典》第2146頁)。雪竇頌云:

> 一拽石,二搬土,發機須是千鈞弩。
> 象骨老師曾輥球,爭似禾山解打鼓。
> 報君知,莫莽鹵,甜者甜兮苦者苦。

「一拽石,二搬土,發機須是千鈞弩。」雪竇引用了與公案機鋒相同的禪門典故來吟詠四打鼓。歸宗一日問維那師到什麼地方去,維那說拽石去。歸宗說:「石頭可以讓你拽,但不要動著中間的樹。」(《碧巖錄》本則引)木平和尚凡見新僧到來,就先令他搬三次土,並在木牌上寫了一詩:「南山路仄東山低,新到莫辭三轉泥。嗟汝在途經日久,明明不曉卻成迷。」(《景德傳燈錄》卷20〈善導〉)雪竇用「千鈞弩」比喻歸宗拽石、搬土的機法,說禪門宗師遇到了像獰龍猛獸般大根器的人,才用千鈞弩的機鋒來接引,對那些鈍根小器,是不值得發動大機的。

　　「象骨老師曾輥球,爭似禾山解打鼓。」雪竇再度引用與公案機鋒相侔的禪門典故來映襯禾山解打鼓。雪峰一日見玄沙來,三個木球一齊輥,玄沙作倒地勢,雪峰深予印可。雖然雪峰、玄沙二人的作略也堪稱大機大用,但雪竇認為,他們的機用仍比不上禾山解打鼓。因為禾山解打鼓,更具有簡潔明快、一句截流的一指禪機。

　　「報君知,莫莽鹵,甜者甜兮苦者苦。」雪竇擔心人們在

他的詞句上釘樁搖櫓，所以又予以掃除，說不可莽鹵。因為
這禪悟之境，是冷暖自知、甘苦自知的內證境界。

　　此詩在吟詠禾山解打鼓公案時，將與之機用相同的公案
信手拈來，作為烘托、陪襯，充分凸顯了禾山解打鼓的機境
之高。在平等一味的禾山鼓聲中，千差萬別悉皆消融。最後
雪竇又將自己的吟詠予以拂卻，以避免讀者守株待兔而不能
領悟公案的意趣。雪竇引導讀者對公案本身作深入的參究，
將禪悟的主動權交還給讀者，最得禪宗隨說隨掃、不立文字
的精髓，使得頌古也因此頗具婉約蘊藉之致。

　　與俱胝豎指、禾山解打鼓機用相侔的是「雲門胡餅」。《碧
巖錄》第77則：

　　僧問雲門：「如何是超佛越祖之談？」（雲）門云：
　「胡餅。」

僧問超佛越祖之談，雲門是一代宗師，便水漲船高、隨波逐
浪地答以「胡餅」。因為僧人問話之中有大大小小的縫罅，所
以雲門用胡餅攔縫塞定。如果認為胡餅便是超佛越祖之談，
就沒有活路；既不把它當作胡餅來理解，也不把它當作超佛
越祖來理解，便是活路。雲門的答語難以用知性透過。雪竇
頌云：

　　超談禪客問偏多，縫罅披離見也麼？

胡餅趓來猶不住，至今天下有謡訛。

「超談禪客問偏多，縫罅披離見也麼？」一般的參禪者多愛問
什麼是超佛越祖之談，對這種風氣，雲門曾予以激烈批評。
學人只管追問如何是超佛越祖之談，殊不知所提的問題有很
大的漏洞，雲門遂以胡餅攔縫塞定。學人還是不肯休歇，繼
續追問，因此雪竇感歎後世的參禪者，往往在胡餅上求理解，
不然就在超佛越祖上頭去揣摩、猜度不已。殊不知公案的意
旨並不在這兩頭，雲門之答乃是「拋棄一切佛見（受佛拘束
的見解）和法見（受到法所緊縛的見解）的禪門至高佛向上
（佛的境界之上）境界」（《一日一禪》第297頁）。

　　此詩從胡餅生發，通過胡餅塞縫的藝術形象，生動地傳
達出雲門胡餅的精髓。首句以指出超談禪客之多，暗示詢問
超佛越祖之談是參禪者的通病。次句引發學人省悟超談之問
的疏漏之處。後二句感歎學人不識本心，擾擾外尋，以致謡
訛蜂起。暗示只有迴光返照，方可風平浪靜，心國太平。頌
古於明快之中，別具蘊藉宛轉之致。雲門胡餅，塞斷了一切
二元意識所生起的漏洞。

　　「雲門花藥欄」與雲門胡餅有異曲同工之妙。《碧巖錄》
第39則：

　　僧問雲門：「如何是清淨法身？」（雲）門云：「花
藥欄。」

僧問什麼是本體自性的清淨心，雲門答以「花藥欄」，壁立萬
仞，斷絕攀緣，了無意路可尋。因為自性清淨心不可向外尋
求，更不可涉理路，落言筌。問話僧是雲門弟子，又是久參
禪客，言下有悟，便說：「以這清淨法身再一路一直上去時又
會如何？」雲門說：「當你說法時可以摧破一切異端邪說，就
會像金毛獅子，哮吼之時，狐兔之輩都會聞風喪膽。」意含認
可此僧之修行圓熟，然尚未完全認可。雪竇頌云：

　　「花藥欄」，莫顢頇，星在秤兮不在盤。
　　「便恁麼」，太無端，「金毛獅子」大家看。

「『花藥欄』，莫顢頇。」說雲門之意並不在花藥欄上，猶如「星
在秤兮不在盤」。雪竇此句透露出很多玄機：只要參透定盤星
在什麼地方，就可大徹大悟。
　　「『便恁麼』，太無端，『金毛獅子』大家看。」頌這僧道
「便恁麼去時如何」。雪竇指出，學人對雲門答語如此領會，
「便恁麼去」，未免「太無端」。啟發讀者思考：學人到底是
會了才這樣問還是不會才這樣問？「金毛獅子大家看」，學人
到底是不是金毛獅子？雪竇再一次把甄別玉石的機會留給了
讀者。
　　此詩以泯除揀擇掃蕩情識為重點。前部分掃除學人對花
藥欄的種種誤解，指出應於象外見意，進行超悟體證，不可
黏著在花藥欄上；後部分吟詠公案的後半，「太無端」三字，

引而不發，將讀者的思路引向自悟自看的內證體驗。在花藥
欄公案、雪竇頌古的終點，正是讀者參悟的起點。雪竇之詩
遮而不表，掃蕩情識，指向自悟，具有羚羊掛角不可湊泊的
特質。對公案成句的隨手拈用，即興點染，也使得此詩頗具
圓機活趣。「無端」的花藥欄，使得一切知性的努力都成為「無
端」。

　　表達泯除揀擇禪悟體驗的，還有「洞山麻三斤」公案及
頌古。《碧巖錄》第12則：

　　　　舉僧問洞山：「如何是佛？」山云：「麻三斤。」

洞山麻三斤，好似長安大路，舉足下足，無有不是，與雲門
胡餅一樣，都難以憑知性透過。必須擯落情塵意想，盡除得
失是非，才能領會。雪竇頌云：

　　　　金烏急，玉兔速，善應何曾有輕觸。
　　　　展事投機見洞山，跛鱉盲龜入空谷。
　　　　花簇簇，錦簇簇，南地竹兮北地木。
　　　　因思長慶陸大夫，解道合笑不合哭。

「金烏急，玉兔速」，與洞山答「麻三斤」更無兩般。「善應
何曾有輕觸」，洞山之答，如鐘在扣，如谷受響，大小隨應，
未曾輕觸。

「展事投機見洞山，跛鱉盲龜入空谷。」有人認為麻三斤真的是在回答什麼是佛，從句中求解會。實則洞山曾說過：「言無展事，語不投機。承言者喪，滯句者迷。」(《五燈會元》卷15〈守初〉)雪竇指出，對麻三斤作展事投機式的理解，好似跛鱉盲龜進入空谷，猴年馬月也不能找到出路。

「花簇簇，錦簇簇，南地竹兮北地木。」僧問智門：「洞山道麻三斤意旨如何？」智門云：「花簇簇，錦簇簇。會麼？」僧云：「不會。」智門云：「南地竹兮北地木。」智門之答，與「麻三斤」、「金烏急，玉兔速」並無二致。

「因思長慶陸大夫，解道合笑不合哭。」雖然只是個「麻三斤」，雪竇卻老婆心切，旁徵博引。陸亙作宣州觀察使時，聞南泉遷化，入寺臨祭，呵呵大笑。這是超越了悲欣得喪之境的大笑，是無絲毫情塵意垢的大笑。院主不解其意，問他為什麼不哭反笑。陸亙說如果院主下得了一句轉語就哭，院主無語，陸亙便大哭起來。這又是超越了道得與道不得的一哭，感歎南泉去世已遠，慧命無人紹繼。後來長慶聽了說：「大夫合笑不合哭」，仍是站在超越的立場立論。雪竇借此典故，說如果用知見解會的俗眼來看「麻三斤」公案，必定會貽笑大方。

此詩運用了與「麻三斤」同樣不可擬議的「金烏急，玉兔速」、「花簇簇，錦簇簇，南地竹兮北地木」意象，既是對麻三斤的有力烘染，又是對讀者情念的截斷剗除。以「跛鱉盲龜入空谷」，形容尋言逐句者永無了悟之期，生動形象；以

「合笑不合哭」的禪門典故，說明不可用世俗情見來穿鑿公案，以免貽笑大方。詩以遮法為主，掃除情識，抽釘拔楔，不著死語，靈動跳脫。

截斷意路

　　本類公案與頌古，在精神實質上與前一類相同，也是泯除揀擇。只不過從機法上看，較之前一類公案，這一類公案顯得更為峻峭凌厲，往往是師家採取激烈的機鋒，來截斷意路。這類公案有「南泉斬貓」、「趙州頂鞋」等。《碧巖錄》載：

　　　　一日東西兩堂爭貓兒，南泉見，遂提起云：「道得即不斬。」眾無對。泉斬貓兒為兩段。（第63則）
　　　　南泉復舉前話，問趙州，州便脫草鞋，於頭上戴出。南泉云：「子若在，恰救得貓兒。」（第64則）

南泉斬貓公案的主旨在於顯示截斷有、無相對之執見。東西兩堂爭論貓兒是否有佛性，南泉提起貓兒，意在考驗學人中有沒有見地透達者。對本則公案，如果向語句上轉來轉去，就毫無關涉。因為南泉提起貓兒，並不是真的要人說出什麼話來，而是要教人各自領悟，各自受用。如果不這樣領悟，終究摸索不著。雪竇頌云：

　　兩堂俱是杜禪和，撥動煙塵不奈何。
　　賴得南泉能舉令，一刀兩段任偏頗。

「兩堂俱是杜禪和，撥動煙塵不奈何。」兩堂僧人爭論貓兒是否有佛性，都沉迷外相，沒有休歇之處，雖然論戰之時煙起塵囂，卻爭不出個結果，難以徹見宇宙人生的真實相狀。

　　「賴得南泉能舉令，一刀兩段任偏頗。」兩句一轉，由對爭貓的批評轉向對斬貓的讚歎上來，說幸有南泉能夠施行佛法正令，當機立斷地斬貓截疑，而不必在意別人批評他「偏頗」──如果有人認為他犯了殺戒，那只是偏頗的批評，任它去好了。南泉的用意，是揮動殺人刀，斬斷學人的相對念。正是在這如擊石火似閃電光的當機妙用中，學人疑團粉碎，徹見本心。

　　南泉斬貓的當天晚上，弟子趙州回來，南泉把白天的事復敘了一遍，問他如果在場會怎麼做。趙州一言不發，脫下草鞋頂在頭上走了出去，南泉說你如果當時在場便會救得貓兒。南泉、趙州心意相投，機鋒相合。雪竇頌云：

　　公案圓來問趙州，長安城裡任閒遊。
　　草鞋頭戴無人會，歸到家山即便休。

「公案圓來問趙州，長安城裡任閒遊。」趙州是南泉的弟子，對南泉的意思了解得很透徹，一撥便轉。師徒對答，在雪竇

看來，就像師徒倆都在長安大道上閒逛，悠哉悠哉。

　　「草鞋頭戴無人會，歸到家山即便休。」趙州聽了南泉的話，頭戴草鞋走了出去，這件事貌似平常，但只有見性之人方能知能證。趙州認為死而後生就是禪道，是無分別智、無心的即刻活動。於是乎，禪師的殺人刀就一變而為活人劍。雪竇認為，趙州安履頭上，是歸家見性之舉。眾人妄生爭執，無異本末倒置。趙州將顛倒的世界再顛倒過來，也就將南泉的殺人刀變成了活人劍。滿眼的煙塵於是乎蕩然無存，晴天麗日遂皎然現前。

　　表達截斷意路禪機之不二法門，還有「對一說」、「倒一說」公案及頌古。《碧巖錄》第14則：

　　　舉僧問雲門：「如何是一代時教？」雲門云：「對一說。」

釋迦牟尼傳教四十九年，舉辦了無數的法會，這就是一代時教。學人以一代時教來問雲門，雲門之答，超出言筌，直指心性，涵蓋乾坤，而將顯、密、禪、淨的一代時教包含無遺。但如果僅從語言文字來揣測，絕不能探知雲門的真意。對此只有直下領悟，方可歸家穩坐。雪竇頌云：

　　　對一說，太孤絕，無孔鐵錘重下楔。
　　　閻浮樹下笑呵呵，昨夜驪龍拗角折。

　　別別，韶陽老人得一橛！

　　「對一說，太孤絕，無孔鐵錘重下楔。」雪竇對雲門的答語讚賞不已。「對一說」是如此的光前絕後，孤危險峻，如萬丈懸崖，無你立足之處；似百萬軍陣，無你突入之處。這僧的問話固然奇特，雲門的回答更是孤危險峻，其手段之高超，好比是對無孔鐵錘重新打進一個楔子。

　　「閻浮樹下笑呵呵，昨夜驪龍拗角折。」此二句宕開一筆，說雲門站在南閻浮洲中心的一棵大樹下回想起這場法戰的時候，不由得開懷大笑。試想夜來其僧是何等氣焰，來勢洶洶，如同蒼龍揮動利角橫衝直撞。但在雲門的大機大用發動後，頓時拗折了一只銳角。

　　「別別，韶陽老人得一橛。」雪竇在最後又翻出新意，說雲門大師只是折斷了驪龍的一角，這便自然而然地逗起遐思：它的另一只角到哪裡去了？雪竇引而不發，將無窮的疑問和思索留給了讀者。

　　此詩重在讚歎雲門答語的孤絕風格。無孔之錘，並且是鐵錘，雲門還能打進一楔，其手段之凌厲、機鋒之孤峭，令人歎為觀止。閻浮樹下回想法戰時的開懷大笑，表現了雲門拗折銳角的蓋世雄風。雪竇在詩的最後，句意陡轉，又將雲門的作略予以拂除，以引導讀者進入更為孤絕的禪悟之境。

　　《碧巖錄》第15則是與「對一說」相呼應的另一則公案：

　　僧問雲門：「不是目前機，亦非目前事時，如何？」
　門云：「倒一說。」

學人的這種問法是「藏鋒問」，雲門有大機大用，應付裕如。
雲門前頭道「對一說」，這裡卻說「倒一說」，只異一字，卻
有千差萬別。問處既奇，答處更險。雲門之答，旨在剿絕學
人的情解妄識。雪竇頌云：

　　　倒一說，分一節，同死同生為君訣。
　　　八萬四千非鳳毛，三十三人入虎穴。
　　　別別，擾擾匆匆水裡月。

「倒一說，分一節」，詩意謂凡有語言，即與本來面目相距萬
里，因此雲門「倒一說」之答，分明是放過一著。不得已說
個「倒一說」，也是好肉剜瘡。雲門向來有放行的手段，敢與
你入泥入水，同死同生。雲門沒有得失是非，全機大用，所
以能夠與人同生同死。
　　「八萬四千非鳳毛，三十三人入虎穴。」昔日靈山會上八
萬四千聖眾雲集，世尊拈花，迦葉破顏，其餘大眾都不知是
何宗旨，因此不是鳳毛之才。言外之意，此僧亦非能夠繼承
心法之才。世尊將禪法傳付給迦葉後，祖祖相傳，西天此土，
三十三人，皆有入虎穴的手段，雲門也是敢入虎穴的大師，
已臻徹悟之境，能夠同死同生，為人解黏去縛，抽釘拔楔，

脫籠頭，卸角馱。

　　「別別，擾擾匆匆水裡月。」雪竇在詩的最後又將學人、讀者向外攀援的心念拂除，意在使人親自證悟，不要追隨雲門和雪竇的語句。因為你如果跟著這些語句走，正像動蕩水面映出的月影，隨波逐浪，搖搖閃閃，忽斷忽裂，擾擾匆匆，而無法獲得心國的安寧。

　　此詩重在吟詠雲門分一節（放行）的大師氣度，讚歎雲門敢於同死同生、虎口橫身的慈悲襟懷，而這種大勇又以大智作為基礎。雲門正是這樣一位智勇雙全的禪者。雪竇在詩的最後，再次將雲門機語、自己的吟詠悉皆掃卻，將讀者導向前語言境域的超悟體驗。

　　表達截斷意路禪機的，還有「坐久成勞」公案及頌古。《碧巖錄》第19則：

　　　舉僧問香林：「如何是祖師西來意？」林云：「坐久成勞。」

透得「坐久成勞」這句話，平常困擾你身心的一切障礙都會冰消瓦解。自古以來回答祖師西來意的人很多，只有香林的這一則可以坐斷天下人舌頭，讓人沒有思索的餘地，可謂言無味句無味，無味之談，塞斷人口。要悟直下便悟，切忌作推理求知解。香林得大自在，腳踏實地，無許多佛法知見道理，只是隨機運用。「坐久成勞」這句話，似乎自然而然地把

人們一直擔在肩膀上的所有問題統統放下，使煩惱、菩提一齊消泯，變成灑灑落落光風霽月的狀態，它具有一切超越、一切脫落之境。雪竇頌云：

> 一個兩個千萬個，脫卻籠頭卸角馱。
> 左轉右轉隨後來，紫胡要打劉鐵磨。

「一個兩個千萬個，脫卻籠頭卸角馱。」兩句正面敘寫求禪問道者之眾和香林答語敲枷打鎖的功能。自古以來，求法問禪的人不計其數，風塵僕僕地行腳參禪，殊不知原無可求的法，也無可參的禪。雪竇當下如擊石火、閃電光地逼拶出來讓你看，如能一聞便悟，方是奇特。香林之語，旨在讓人卸下負擔，灑灑落落，契入純明澄澈的徹悟之境。

「左轉右轉隨後來，紫胡要打劉鐵磨。」兩句從反面著筆，說如果有人想在香林的言句中去思索，非要尋找出「坐久成勞」這句話的意思，便會像劉鐵磨一樣，左轉右轉，而不免遭到子湖（紫胡）禪師的痛打。子湖與趙州、長沙是同參。當時劉鐵磨在山下建庵，傲視禪林，諸方都拿她沒辦法。一天，子湖來訪，問：「汝莫是劉鐵磨否？」劉鐵磨說：「不敢。」子湖問：「左轉右轉？」劉鐵磨說：「和尚莫顛倒。」子湖應聲便打（《景德傳燈錄》卷10〈利蹤〉）。雪竇借用這則典故說，如果想在「坐久成勞」的言句上求得解釋，便好似鼻孔被別人牽著，隨著言句左轉右轉，難免要遭到痛打了。

　　此詩重在吟詠坐久成勞對情塵意垢的滌除功效。前部分
正寫，以騾馬戴籠頭負角馱喻參學者背負妄念之重，形象生
動；以脫籠頭卸角馱比喻「坐久成勞」的滌蕩妄塵，鮮明可
感。後部分反形，借子湖打鐵磨的禪門典故，比喻追逐言句
者要遭到剿絕情念的棒打，借電光石火、疾雷破山式的機鋒，
收棒喝截流、剿絕情識的奇效。「一個兩個千萬個」、「左轉右
轉隨後來」的句法恣肆寫意，也表現了徹悟者灑灑落落的風
致情懷。

　　表達截斷意路不二法門的，還有「鎮州蘿蔔」公案及頌
古。《碧巖錄》第30則：

　　　僧問趙州：「承聞和尚親見南泉，是否？」州云：
　　「鎮州出大蘿蔔頭。」

問話的僧人是久參禪客，提問很能抓住要點。趙州有大機大
用，答以「鎮州出大蘿蔔頭」，可謂無味之談，塞斷人口。與
趙州答語恰好相當，酷似兩個無孔鐵錘。雪竇頌云：

　　　鎮州出大蘿蔔，天下衲僧取則。
　　　只知自古自今，爭辨鵠白烏黑。
　　　賊賊，衲僧鼻孔曾拈得。

「鎮州出大蘿蔔，天下衲僧取則。」趙州「鎮州蘿蔔」之答，

在於剿絕情識，以使人明心見性，回到每個人的「出處」，雖
然禪林都知道這是句很高妙的話，把它當作禪道的極則，卻
不知道它到底妙在哪裡。「只知自古自今，爭辨鵠白烏黑。」
雪竇指出，雖然古時的人這麼答，今時的人也這麼答，但他
們只知尋言逐句，在趙州石火電光的機鋒中，何曾能分辨出
黑白對錯來。

「賊賊，衲僧鼻孔曾拈得。」雪竇進一步把人引向活潑潑
的方向說：三世諸佛也是「賊」，歷代祖師也是「賊」，換人
眼目，開佛知見。其中神乎其技者，獨推趙州。趙州一似手
法高明的神偷，不著痕跡，能拈得天下禪僧的鼻孔，你才開
口便換卻你的眼珠。根性猛利的參禪者，向電光石火中聽到
這話，當下便會高挑起眉毛走開。稍一佇思停機，鼻孔就被
趙州牽住了。

雪竇在詩中指出，雖然自古及今很多參禪者對「鎮州蘿
蔔」有著強烈的興趣，並將它作為禪悟的極則，但這句話看
似尋常實奇崛，很少有人能得其三昧。因為這三昧，乃是脫
落是非計較的鵠白烏黑現量境，是本來現成的純真面目。後
二句以棒喝之語，指出如果刻舟求劍，就會失卻禪悟的主體
性，與趙州之意相距千里萬里。

運用截斷意路不二法門的，還有「隨他去」公案及頌古。
《碧巖錄》第29則：

　　僧問大隋：「劫火洞然，大千俱壞，未審這個壞

不壞?」隋云:「壞。」僧云:「恁麼則隨他去也。」隋
云:「隨他去。」

「劫火洞然,大千俱壞」,意為劫火熊熊燃燒,大千世界俱遭
劫難。佛教認為一切事物的存在都是由成(形成發展)、住(現
狀)、壞(衰亡)、空(消滅)這四時循環流轉。劫火洞燃,
大千俱壞,必然歸於空無。其僧雖然知道教義,卻不知經中
的旨趣。對公案中的「這個」,一般人往往以情識臆解說它是
指眾生本性。對「隨他去」,很多人又以情識作妄解,仍然難
測其旨。其僧不能領悟大隋之意,時時把這個問題放在心上,
從四川直往舒州投子山參訪大同,將對答情形告訴了大同,
大同焚香禮拜說:「四川有古佛出世,你趕緊回去。」其僧又
趕回大隋,大隋已經坐化。雪竇頌出這則公案,暗示不能把
它當作「壞」與「不壞」來看:

　　劫火光中立問端,衲僧猶滯兩重關。
　　可憐一句隨他語,萬里區區獨往還。

「劫火光中立問端,衲僧猶滯兩重關。」這僧問話時,先懷「壞」
與「不壞」的相對意識,是「兩重關」。若是已經證悟的人,
說「壞」也有轉身之處,說「不壞」也有轉身之處。
　　「可憐一句隨他語,萬里區區獨往還。」唐代景遵詠此公
案云:「了然無別法,誰道印南能。一句隨他語,千山走衲僧。

蛩寒鳴砌葉，鬼夜禮龕燈。吟罷孤窗外，徘徊恨不勝。」（《碧巖錄》本則引）雪竇的頌，化用景遵詩意，描摹公案情景，神情畢現。學人不悟大隋「隨他去」之旨，風塵僕僕地奔向舒州，又從舒州趕回大隋，可謂萬里區區，然而於開悟卻無補，故可憐復可歎。

　　雪竇此詩，通過鮮明的藝術形象，不著痕跡地表達了對公案的透徹之悟。起句以對公案情景的精彩再現，巧妙地對僧人之問進行質疑：既是「劫火光中」，則所立任何「問端」都會被焚毀，更遑論「壞」與「不壞」了，這就水到渠成地過渡到第二句，批評學人黏滯於「壞」與「不壞」的兩重關，陷於相對觀念而不能自拔。第三四兩句以學人奔波求道，風趣地傳達出「隨他去」的意旨：學人不但沒有領悟大隋「隨他去」的真諦，反而立不定腳跟，隨著大隋的語句奔波萬里，區區往還，於見性毫無裨益。

　　運用前後際斷不二法門的，有「前三三後三三」公案及頌古。《碧巖錄》第35則：

　　　文殊問無著：「近離什麼處？」無著云：「南方。」
　　殊云：「南方佛法，如何住持？」著云：「末法比丘，
　　少奉戒律。」殊云：「多少眾？」著云：「或三百，或
　　五百。」無著問文殊：「此間如何住持？」殊云：「凡
　　聖同居，龍蛇混雜。」著云：「多少眾？」殊云：「前
　　三三，後三三。」

據傳無著到五臺山金剛窟禮謁，遇見一個老翁，老翁邀請他
到寺院小坐，問他從何而來，無著說南方。翁問「南方佛法
如何住持」，無著說：「末法時代的比丘，很少有能夠奉行戒
律的。」翁問有多少人，無著說：「或三百，或五百。」又問老
翁「此間佛法如何住持」，老翁回答：「龍蛇混雜，凡聖同居。」
無著不解，又問「有多少人」，老翁回答：「前三三，後三三。」
後來無著辭退，翁令童子相送。無著問童子「前三三，後三
三」是多少，童子驀然召喚：「大德!」無著應諾，童子問：
「是多少?」無著回頭一看，童子與寺院都無影無蹤，方知老
翁原來是文殊化身（《五燈會元》卷9〈文喜〉）。能夠參透「前
三三，後三三」，就可以達到徹悟之境。雪竇頌云：

　　千峰盤屈色如藍，誰謂文殊是對談。
　　堪笑清涼多少眾，前三三與後三三。

「千峰盤屈色如藍，誰謂文殊是對談。」首句勾勒出博大廣袤
之境，有權有實，有理有事。次句詠無著邂逅文殊而不識。
無著與文殊一席對談，卻不知是文殊。圓悟認為，「當時等他
道南方佛法如何住持，劈脊便棒，猶較些子」。「堪笑清涼多
少眾，前三三與後三三。」如果領會了雪竇之笑的旨趣，才能
知道前三三後三三的意趣。
　　對雪竇的這首頌，有人認為「只是重拈一遍，不曾頌著」，
殊不知雪竇在「重拈」之中，用般若直觀對原公案的情境作

不摻雜主觀成見的情景再現，最大程度地保證了禪趣的原真
性、圓滿性。因為前後三三所表現的，正是斷絕一切思量的
境界。前三三後三三，象徵前後際斷。時間由過、現、未架
構而成。但過現未的世界，僅是人為的設定。前已經過去，
後尚未來臨，現正成過去。過現未都沒有的世界，即是完全
無的世界。前三三後三三，即是表現對無的體驗。在無的體
驗中，一切都得到了超越。舉一可反三，因此，本則公案表
現的不僅是對一多、凡聖的超越，而且是對一切相對意識的
超越。

懸擱語言

　　語言是思維的外化。禪宗不二法門，泯除揀擇，截斷意
路，對邏輯性指義性的語言，採取了懸擱的態度，以使人回
到言語道斷、心行處滅的前語言境域。表達懸擱語言禪機的，
有「閉嘴說禪」公案及頌古。《碧巖錄》云：

　　　　溈山五峰雲岩，同侍立百丈。百丈問溈山：「併
　　卻咽喉唇吻，作麼生道？」溈山云：「卻請和尚道。」
　　丈云：「我不辭向汝道，恐已後喪我兒孫。」（第70則）
　　　　百丈復問峰：「併卻咽喉唇吻，作麼生道？」峰
　　云：「和尚也須併卻。」丈云：「無人處斫額望汝。」
　　（第71則）

百丈又問雲岩：「併卻咽喉唇吻，作麼生道？」
岩云：「和尚有也未？」丈云：「喪我兒孫。」（第72則）

「離四句絕百非」時如何說禪，百丈自有主見，只是為了啟
發弟子，才一一詢問。「併卻咽喉唇吻」的世界，是遍界不藏
恆時現成的世界，是「公開的神秘之境」（《禪學講話》第122
頁）。三人答處，各各不同，溈山壁立千仞，五峰照用同時，
雲岩自救不了。溈山、五峰深得百丈之意。溈山答：「卻請和
尚道。」如石火電光般逼拶百丈，不費纖毫氣力，自有轉身出
路。答語暗示若以言論傳於人，便是一種學說，而非教外別
傳。百丈說：「不辭向汝道，恐已後喪我兒孫。」意為別傳之
法，在於直覺妙悟，靠語言相傳便會滅絕禪的繼承人。百丈
與溈山，賓主互換，壁立千仞。雪竇頌道：

「卻請和尚道」，虎頭生角出荒草。
十洲春盡花凋殘，珊瑚樹林日杲杲。

「『卻請和尚道』，虎頭生角出荒草。」頌溈山答處，一似猛虎
戴角，讓人近傍不得。雪竇接著吟誦道：「十洲春盡花凋殘，
珊瑚樹林日杲杲。」古書上記載，海外有三山十洲，以一百年
為一春。雪竇之詩展現了一幅明麗澄澈玲瓏剔透的景象：暮
春之際，百千萬株花樹一時凋殘，只有珊瑚樹林不會凋落，
與太陽交相輝映。這種奇妙的圖景，正是「卻請和尚道」所

呈顯出來的境象。

　　溈山把定封疆，五峰則截斷眾流。五峰的答語，雖然比不上溈山答語顯得氣勢磅礴，卻也如馬前相撲，不容擬議，緊迅危峭，乾脆俐落。百丈見他靈活無礙，只與他輕輕地略作點撥。雪竇頌云：

　　「和尚也併卻」，龍蛇陣上看謀略。
　　令人長憶李將軍，萬里天邊飛一鶚。

　　「『和尚也併卻』，龍蛇陣上看謀略。」頌五峰的答語，縱橫捭闔，自在無礙，如同在敵人的陣勢排開之時，從容自如地突出突入。只有具備雄才偉略、功夫高強的大將，才敢單槍匹馬在龍蛇陣上出沒自在，對手沒有辦法困住他。後二句借李廣相比：「令人長憶李將軍，萬里天邊飛一鶚。」李廣善射，一箭必落一雕。雪竇頌百丈問處如一鶚盤旋，五峰答處如一箭飛空。

　　和溈山、五峰相比，雲岩的答語就大為遜色。雲岩在百丈二十年作侍者，仍然半青半黃，黏皮著骨。雲岩之答，落於言筌，前不著村，後不著店，殊不知「語不離窠臼，焉能出蓋纏。白雲橫谷口，迷卻幾人源」（《古尊宿語錄》卷40〈文悅〉）。雲岩一心想勘驗百丈，反而被百丈挫敗。雪竇頌云：

　　「和尚有也未」，金毛師子不踞地。

兩兩三三舊路行，大雄山下空彈指。

「『和尚有也未』，金毛師子不踞地。」雲巖的答語固然也對，卻像不踞地的金毛獅子一樣，沒有強勁的氣力和沉雄的氣韻。獅子捕捉動物，爪牙隱藏不露，蹲伏在地上，不論獵物大小，都使出全力搏擊，以萬無一失地捕捉獵物。不踞地的金毛獅子，則顯發不出其威猛。「兩兩三三舊路行，大雄山下空彈指。」感歎雲巖的話只是向舊路上行，用前人常用的問話來反詰，因此百丈向大雄山下空彈指，白費了一番苦心。

　　雪竇這三首詩，塑造了鮮明的藝術形象：以「虎頭生角出荒草」，象徵溈山凜凜威風無可近傍；以龍蛇陣上出沒縱橫，箭飛雕落，象徵五峰與百丈機鋒相拄，電轉星飛；以「金毛獅子不踞地」，象徵雲巖答語軟弱無力，拖泥帶水。而「十洲春盡花凋殘，珊瑚樹林日杲杲」之喻，更是一幅美麗如畫、光輝澄明的現量境，予人以廓爾亡言、物我一如的禪悟美感。

　　表達懸擱語言禪機的，還有「外道問佛」公案及頌古。《碧巖錄》第65則：

　　　　外道問佛：「不問有言，不問無言。」世尊良久，
　　　外道讚歎云：「世尊大慈大悲，開我迷雲，令我得入。」
　　　外道去後，阿難問佛：「外道有何所證，而言得入？」
　　　佛云：「如世良馬，見鞭影而行。」

外道精通四韋陀典（即吠陀經典），到處找人辯論。外道以「不問有言，不問無言」探問什麼是佛法旨意，想陷對方於進退兩難之境。佛陀無論以任何言詞應答，都容易墮於「有」、「無」兩端，而予外道以可乘之機。「世尊良久」，不費吹灰之力便使之省悟，以致於讚歎致敬。外道開悟後，方知禪悟既不在言句上，也不在無言上，既不在「是」，也不在「不是」。雪竇頌云：

> 機輪曾未轉，轉必兩頭走。
> 明鏡忽臨臺，當下分妍醜。
> 妍醜分兮迷雲開，慈門何處生塵埃？
> 因思良馬窺鞭影，千里追風喚得回。

「機輪曾未轉，轉必兩頭走。」諸佛祖師的靈機是禪悟的命脈。外道提出問題，堪稱全機大用。世尊良久，則是看風使舵，對症下藥。外道禮拜讚歎，機輪遂輾輾地轉動，既不轉向有，也不轉向無，不落得失，不拘凡聖，將相對的觀念一齊輾過。而一般的人不落無言即落有言，只知在有、無之間轉來轉去。

「明鏡忽臨臺，當下分妍醜。」自性不曾動搖，只需「良久」，就如明鏡當臺，萬象不能逃其影質。對外道「得入」處，須是自參、自究、自悟、自會者方知。只要有絲毫的尋思推理，就窒礙不通，遑論入處。

「妍醜分兮迷雲開，慈門何處生塵埃？」頌「世尊大慈大

悲，開我迷雲，令我得入」。本則公案中，世尊不以言語答覆
外道，只是「良久」，已超越有、無相對之境，了無纖塵。這
種不落言筌而靈機全現的圓融妙用，不但化解了外道狡獪詰
問的危機，而且能夠於任運自在之際彰顯禪法旨趣，使外道
由衷歎服。

「因思良馬窺鞭影，千里追風喚得回。」追風之馬，見鞭
影便可馳走千里，教回即回。雪竇詩指出，若是上上根器之
人，一撥便轉，一喚便回。相反，以多聞第一著稱的阿難，
反而墜入義解，竟不如外道能於電光石火中領會機鋒。

此詩運用禪悟直覺意象，表達了對外道問佛公案的獨特
感悟。世尊良久，機輪未轉。未轉而轉，不落兩邊，不立纖
塵，卻頓分妍醜，萬象昭然。詩的最後以良馬一撥便轉，喻
外道當下頓悟。此詩格調高逸，如翩鴻入雲，似流風迴雪，
活脫脫地描畫出了超越相對的冰雪澄明之境。

表達懸擱語言心行處滅的內證境界的，還有「離四句絕
百非」、「文殊白槌」公案及頌古。言語是生滅法，是相對意
識的產物，而真如本體和禪悟之境，是絕對如如的，因此，
要契入真如，就必須超越四句，即離四句。禪林借用「四句」
指有、無、亦有亦無、非有非無，表示作為一般判斷的形式，
再加上百非（百種之否定），成為四句百非。禪宗指出，四句
百非是基於一切判斷與論議之立場而設立的假名概念，參禪
者必須超越這種假名概念，臻於言忘慮絕之境界，方可契入
真如本體之境。禪林盛傳「離四句絕百非」的名言，成為參

禪悟道的指南。《碧巖錄》第73則：

> 僧問馬大師：「離四句絕百非，請師直指某甲西
> 來意。」馬師云：「我今日勞倦，不能為汝說，問取
> 智藏去。」僧問智藏，藏云：「何不問和尚？」僧云：
> 「和尚教來問。」藏云：「我今日頭痛，不能為汝說，
> 問取海兄去。」僧問海兄，海云：「我到這裡卻不會。」
> 僧舉似馬大師，馬師云：「藏頭白，海頭黑。」

絕對真理，是無說無聞之境，故終日說而非說，聞而非聞。
禪林讚賞三人作略是吹奏起無孔笛，清音遍滿天地。雪竇頌
此公案云：

> 藏頭白，海頭黑，明眼衲僧會不得。
> 馬駒踏殺天下人，臨濟未是白拈賊。
> 離四句，絕百非，天上人間唯我知。

「藏頭白，海頭黑，明眼衲僧會不得。」馬祖說「藏頭白，海
頭黑」，也等於說鵠白烏黑，山高水長，是完全超越了會與不
會的真如的活現，是絕對的真面目。對它的意旨，天下禪僧
沒有一個能夠悟解，縱是明眼衲僧，也理會不得。對「西來
意」，非但馬祖、智藏「不能為汝說得」，懷海「不會」，縱是
大徹大悟的禪門宗師，也說不得，因為離四句、絕百非的境

界，遠不是語言文字所能表述。

「馬駒踏殺天下人，臨濟未是白拈賊。」頭白頭黑這句話顯露出馬祖具有踏殺天下人的才情，千人萬人咬嚼不破。依雪竇看來，馬祖的機鋒還勝過臨濟，是不留痕跡出神入化的「白拈賊」，連臨濟都略遜一籌。

「離四句，絕百非，天上人間唯我知。」雪竇最後說此事唯我能知，縱是三世諸佛也看不出來。既然是「獨知」，別人還求個什麼？雪竇的詩，將求知的意念徹底予以粉碎。只這頭白頭黑一句，「便見踏殺天下人處，只這一句黑白語，千人萬人咬不破」（圓悟語）。其機鋒之銳利，比起臨濟有過之而無不及。

「離四句，絕百非」，就是把否定、肯定等一切相對的觀念，全部蕩除，使依於言說的問答、垂示、說法，也全部被否定。本則公案旨在斬斷一切語言葛藤，使人回歸於前語言境域。雪竇先拈用馬祖法語「藏頭白，海頭黑」入詩，指出公案不可湊泊。再宕開筆觸，寫馬祖機鋒凌厲迅疾過於臨濟。復以「離四句，絕百非，天上人間我獨知」指向言亡慮絕的內證境界。運筆騰挪跌宕，搖曳生姿。

「文殊白槌」公案也是懸擱語言禪機的生動運用。《碧巖錄》第92則：

> 世尊一日陞座，文殊白槌云：「諦觀法王法，法王法如是。」世尊便下座。

禪宗經常用本則公案表示第一義諦乃不立文字、言語道斷。
由於「世尊陞座」與「拈花微笑」兩則公案在初期禪籍中都
沒有記載，因此有人指出它們是禪門宗匠為機緣而設者（參
《從容錄》第1則）。對本則公案，禪林臆測紛紜，雪竇頌古
精到地抉發出公案的要義：

> 列聖叢中作者知，法王法令不如斯。
> 會中若有仙陀客，何必文殊下一槌？

「列聖叢中作者知，法王法令不如斯。」傳說靈山法會上，有
八萬聖眾，都是證得聖位的大菩薩、大阿羅漢。文殊、普賢、
彌勒都參加了這次法會。雪竇意謂參與法會的列聖叢中只有
文殊、普賢、彌勒幾位才能明白佛陀的意旨。如果能夠達到
文殊的智慧，就不必聽釋尊說法，釋尊也不必說法。

　　「會中若有仙陀客，何必文殊下一槌？」兩句承上，說如
果是頂門有眼的伶俐禪僧，天機高妙慧心朗達，在世尊還沒
有登上法座之前就會識破其意旨，當下悟入，根本用不著世
尊陞座，更用不著文殊擊磬提唱了。因為這些作略都是畫蛇
添足。第一義是超越說與不說之境，因此，縱使說出提持向
上一路的話，仍然落於言筌。落於言筌，就墜在第二第三的
應機說法中。第一義不可說，已在眼前堂堂顯現，所以不可
畫蛇添足。因此文殊舉唱「法王法如是」，以顯示在文殊白槌
之前，法是早已自己顯示宣說過了，故而宣布結束法會。於

是世尊除了下座以外，便無言可說。雪竇的詩精當地表現了無法可說、言語道斷的了悟之境。

雪竇此詩借用了其師光祚「文殊白槌報眾知，法王法令合如斯。會中若有仙陀客，不待眉間毫相輝」《古尊宿語錄》卷39〈光祚〉）語意。前二句與光祚詩意相反，在否定言詞的指義性上更進了一步。後二句承續光祚詩意，而略變語詞。由此可見雪竇的創作，係在稟承師意的基礎上自出手眼，並不人云亦云，倚門傍戶。

表達懸擱語言禪機的還有《碧巖錄》第67則「大士講經」公案及頌古：

> 梁武帝請傅大士講《金剛經》，大士便於座上，揮案一下，便下座。武帝愕然。誌公問：「陛下還會麼?」帝云：「不會。」誌公云：「大士講經竟。」

武帝皈心佛法，請誌公講《金剛經》，誌公推薦善慧大士傅翕。傅大士既至，於講座上，揮案一下，便下座。武帝不契，誌公急忙圓場說大士已講完經了。圓悟指出，傅大士提持向上一路，略露鋒鋩，教人知道落處，採取的是壁立萬仞的機法，卻被誌公不識好惡地說什麼大士說法結束，正是好心不得好報，如美酒一盞，卻被誌公摻入了白水；如一鍋羹湯，被誌公弄進了鼠糞。雪竇頌云：

不向雙林寄此身，卻於梁土惹埃塵。

當時不得誌公老，也是棲棲去國人。

「不向雙林寄此身，卻於梁土惹埃塵。」詩意謂傅大士與達摩
作略相同。達摩初到金陵，見武帝，帝問如何是聖諦第一義，
達摩云「廓然無聖」。帝曰：「對朕者誰？」摩云：「不識。」帝
不契，達摩遂渡江至魏。武帝舉問誌公，公云：「陛下還識此
人否？」帝云：「不識。」誌公云：「此是觀音大士，傳佛心印。」
帝悔，遂遣使去請。誌公云：「莫道陛下發使去取，闔國人去，
他亦不回。」

　　「當時不得誌公老，也是棲棲去國人。」意為當時若不是
誌公圓場，傅大士也會像達摩一樣被趕出國去。雪竇的弦外
之音是，傅大士不在雙林逍遙放曠，吃粥吃飯，隨分過時，
卻來宮中講經，縱是揮案一下立即下座，也是惹起了埃塵。
後二句表面上說當時若不是誌公解釋，大士也會像達摩那樣
與武帝機緣不契，被趕出國去，實則是感歎禪的慧命，在誌
公的闡說中喪失殆盡！

消解自他

　　「本來面目」的失落是由於二元意識的生起。在所有的
二元對立中，自他對立是最嚴重的一組，因此禪宗不二法門
非常注意對自他對立的消解，使自他不存，能所俱泯，以回

歸於本心。表達消解自他對立的有「巴陵吹毛劍」公案及頌古。《碧巖錄》第100則：

> 僧問巴陵：「如何是吹毛劍？」陵云：「珊瑚枝枝撐著月。」

「吹毛劍」象徵般若智劍，它寒鋒凜凜，光射牛斗，照破萬象，截斷乾坤，一切無明妄念都不可棲泊。心光炳射，即是珊瑚玉枝撐映天際明月，月色、海水、珊瑚，都是純然的潔瑩一體。光境雙亡，透體澄明。頭頭物物，皆是吹毛。巴陵答語，意在啟發學人迴光返照，看取人人具足、個個圓成的般若自性。雪竇頌云：

> 要平不平，大巧若拙。
> 或指或掌，倚天照雪。
> 大冶兮磨礱不下，良工兮拂拭未歇。
> 別，別，珊瑚枝枝撐著月。

「要平不平，大巧若拙。」雪竇讚賞巴陵答語風格的圓渾無跡。學人借什麼是吹毛劍詢問師家：怎樣才能句中藏鋒以剿滅相對觀念。巴陵之答，出以一幅玲瓏澄澈的美麗境象，暗示學人只要專注於這個境象，就會自然而然於不知不覺中消泯一切相對的見解。答語已臻於爐火純青妙造毫巔的化境，毫無

尖新巧異的跡象。

「或指或掌，倚天照雪。大冶兮磨礱不下，良工兮拂拭未歇。」兩句吟頌自性的妙用。般若智劍或現於指上，或現在掌中，有吹毛立斷的奇效，有倚天照雪的神采。這樣的吹毛劍，縱是大冶洪爐也打磨不出，縱是干將良工也磨礪不好。

「別，別」，在詩的最後，雪竇翻轉一層，說此劍別有妙處，與尋常寶劍不同，宛如「珊瑚枝枝撐著月」，寒鋒映雪，空前絕後，獨據寰中，更無等匹。對這神妙之境，只有般若直觀才能觀照，「須是絕情塵，意想淨盡，方見他道『珊瑚枝枝撐著月』。若更作道理，轉見摸索不著」（圓悟語）。「珊瑚枝枝撐著月」本為五代詩僧貫休〈還舉人歌行卷〉中的一句，巴陵在回答什麼是吹毛劍時，徑截借用了它。雪竇頌此公案，又徑截用了巴陵的原句，這是禪宗問在答處的禪機，猶如僧問「如何是曹源一滴水」，法眼答以「曹源一滴水」（《禪林僧寶傳》卷7〈德韶〉）。佛法一切現成，問題的答案就是問題的本身。用問題的本身來回答問題，簡捷而圓滿。頌古借用成句，將人的思路引向巴陵答語的本身，引向般若智光輝赫顯露的神妙之境。

此詩形象地寫出了吹毛劍的神妙功用。「要平不平」指出吹毛劍的目的在於斷除妄念，「大巧若拙」指出巴陵答語撥落奇崛歸於平常的風格特徵，「或指或掌」顯示吹毛劍的妙用無方，「倚天照雪」寫出吹毛劍的光明顯赫。再用烘雲托月的藝術手法，以「大冶兮磨礱不下，良工兮拂拭未歇」寫自性之

劍迥異世俗之劍，它天生鋒利，不受磨礪。在充分渲染的基
礎上，以「別，別」二字縮聯，將思路牽轉到巴陵答語本身
上來，以「珊瑚枝枝撐著月」的澄明境界結束全詩，高華澄
澈，空靈明淨，含不盡之意於言外。本詩的詩眼在於末句。
貫休的詩，通過巴陵的引用，和雪竇的吟唱，在禪林廣泛流
傳，遂成為千古不刊的禪林名句。

　　表達消解自他禪機的，有「仰山不曾遊山」公案及頌古。
《碧巖錄》第34則：

　　　仰山問僧：「近離甚處？」僧云：「廬山。」（仰）
　　山云：「曾遊五老峰麼？」僧云：「不曾到。」（仰）山
　　云：「闍黎不曾遊山。」雲門云：「此語皆為慈悲之故，
　　有落草之談。」

本則公案中，仰山以遊山一事寓禪悟大事。到廬山而不遊廬
山之名勝五老峰，就不能說是真正遊過廬山，故知其僧實為
一無眼之行腳僧，宗師家每遇此類無眼漢，或靜默無語，或
行棒施喝，仰山則以「闍黎不曾遊山」耐心指引，故雲門批
評仰山有落草之談，說仰山以老婆心接化學人，成了墮於第
二義的不究竟之說。若遇臨濟、德山，則定施棒喝。雪竇頌
云：

　　　出草入草，誰解尋討。

　　　　白雲重重，紅日杲杲。
　　　　左顧無暇，右盼已老。
　　　　君不見，寒山子，行太早，
　　　　十年歸不得，忘卻來時道。

「出草入草，誰解尋討。」雪竇知道這則公案的意趣，所以一抑一揚地頌出。學人若是真正的禪僧，待仰山問曾到五老峰沒有，只須說「禍事」即可，偏偏說個「不曾到」。學人如此拖泥帶水，仰山卻沒有施以本分鉗錘，而是打葛藤說不曾遊山，這是慈悲接引的緣故。如果是出草之談，則非如此。

　　「白雲重重，紅日杲杲。」兩句撇開是否遊山，別出新意，描摹遊山時所見的現境。臻此情境，無一絲一毫的凡情聖解，脫體現成，是無心之境，寒不覺得寒，熱不覺得熱，完全是徹底開悟的境象。

　　「左顧無暇，右盼已老。」詩意謂遊山者臻此灑脫悟境，對世俗之事，不須左顧右盼，如同以牛糞煨芋，懶為俗人拭涕的懶殘和尚一樣。在清清白白的悟的世界裡，不受別人支配，自作主宰，如同生鐵鑄就的漢子。

　　「君不見，寒山子，行太早，十年歸不得，忘卻來時道。」雪竇在這裡化用了寒山子詩句：「欲得安身處，寒山可長保。微風吹幽松，近聽聲愈好。下有斑白人，喃喃讀黃老。十年歸不得，忘卻來時道。」寒山此詩表現了超越主客的禪悟體驗，這也是本則公案的精華所在。永嘉大師〈證道歌〉亦謂：「心

是根，法是塵，兩種猶如鏡上痕。痕垢盡時光始現，心法雙亡性即真。」只有能所俱泯，自他不二，如癡似兀，才能透過本則公案。如果達不到這個地步，只是在文句上摸索，則永無了悟之期。

　　此詩用筆活脫空靈，先以「出草入草，誰解尋討」吟頌雲門對公案的評語，指出公案的難以透越；再以「白雲重重，紅日杲杲」的現量境，來描摹遊山時的景色；復以「左顧無眼，右盼已老」形容遊山者的神情氣度；最後以寒山子遊山忘歸作為烘托，多層面多視角地體現了作者對仰山遊山的領悟。詩的重點在於人境一如，物我渾忘。遊山之人忘卻一切，「自失」於山中，與所遊之山渾成一體，流連忘返，生動地表達了自他不二的禪悟體驗。

融匯生死

　　生死大事，是每個參禪者都致力參證的。禪宗以其深邃的感悟，表達了融匯生死的禪悟體驗。《碧巖錄》第3則「日面佛，月面佛」公案：

　　　舉馬大師不安，院主問：「和尚近日，尊候如何？」
　　　大師云：「日面佛，月面佛。」

禪宗大師以本分事接人，使得禪道光輝溢目。對本則公案，

若知落處便獨步丹霄，若不知落處則走向枯木岩前岔路。據
《佛名經》卷7所載，日面佛壽長一千八百歲，月面佛壽僅一
日夜。馬祖借「日面佛，月面佛」之語，顯示斷絕壽命長短
與生滅來去之相，以契當本具之佛性。公案的主旨是：一個
人不管是生還是死，都是天福，當他了卻生死（即認識到生
與死的真實涵義）後，不管生命長短，都同樣具有價值，不
會虛度年華。雪竇頌道：

　　　日面佛，月面佛，五帝三皇是何物？
　　　二十年來曾苦辛，為君幾下蒼龍窟。
　　　屈，堪述，明眼衲僧莫輕忽。

「日面佛，月面佛，五帝三皇是何物？」堯舜事業，如片雲點
太空。五帝三皇早成為歷史陳跡，煙飛灰滅，了不可得。而
佛性卻不生不滅、不垢不淨、不增不減，亙古長存，歷滄桑
而不變。宋神宗在位時，認為雪竇此頌「五帝三皇是何物」
諷刺意味太重而不肯將之入藏。這句詩從世諦流布來看，是
用來反襯日面月面的尊貴，描寫得道者的意氣飛揚；從禪學
象徵來看，則是用「五帝三皇」來比喻聖境。「是何物」，以
反詰的句式對聖境予以拂除。對「日面佛，月面佛」，只要當
下承當，即是本源自性佛。「五帝三皇」的聖境，在自性佛前
不值一提。可見，這兩句既有對「五帝三皇是何物」的聖凡
的超越，又有對「日面佛，月面佛」的時間的超越。

「二十年來曾苦辛，為君幾下蒼龍窟。」要得到泯除相對的禪悟體驗，必須經歷一個艱辛的求道歷程，一似進入蒼龍窟裡探取明珠。到最後打破漆桶，本以為有多少奇特，原來只體證到了「五帝三皇是何物」。

「屈，堪述，明眼衲僧莫輕忽。」詩的結束處，一波三折，奇峰突起。我們本來是佛，卻不識家寶，為「此事」歷盡艱辛。等到徹悟之時，只要放下妄想執著，當下就是佛，何用拋擲二十年光陰。但雪竇緊接著陡地翻轉說：「堪述」──倒也值得說說。因為從開悟受用的立場上看，這種艱苦的修行仍然有其價值。只有經歷求道的艱辛，才會豁然開悟，洞徹生命的本源，超脫一切束縛，不再為生死所拘，受用無窮。「明眼衲僧」，是徹悟本來面目的人。徹悟本來面目，即是打開了禪悟的第三隻眼。雪竇說，縱使是心地透達的明眼衲僧，對「日面佛，月面佛」、「五帝三皇是何物」機趣，也切不可輕輕放過。

此詩先以俗世的五帝三皇襯托出佛的尊貴，以聖境的五帝三皇襯出自性佛超越以生死為代表的一切對立，並且連此超越之心也消泯的灑脫風儀和澄明襟懷。再以廿載苦辛探驪得珠，寫出求道的艱辛歷程和堅強意志。復從正反兩個方面對求道歷程進行反省，終以「明眼衲僧莫輕忽」，引導學人對日面月面作透徹的參究。「日面佛，月面佛」公案實在不容易吟頌。雪竇能夠將它的意趣通過不說之說、說而非說的方式吟頌出來，乃是得力於他的通靈體證。

表達融匯生死之禪悟體驗的還有「大龍法身」公案及頌古。《碧巖錄》第82則：

> 僧問大龍：「色身敗壞，如何是堅固法身？」龍云：「山花開似錦，澗水湛如藍。」

大龍之答，應機對境，敲枷打鎖。一言一句，錦繡迴文。雪竇頌云：

> 問曾不知，答還不會。
> 月冷風高，古岩寒檜。
> 堪笑路逢達道人，不將語默對。
> 手把白玉鞭，驪珠盡擊碎。
> 不擊碎，增瑕纇。
> 國有憲章，三千條罪。

「問曾不知，答還不會。」學人不能領會色身即是法身，把短暫的色身和永恆的法身看作兩橛，故說色身敗壞，法身堅固。問者既然不明自性，提出這個問題已是不通。大龍答以「山花開似錦，澗水湛如藍」，以清麗如畫的詩句，把法身的莊嚴充分顯示在目前，暗示色身之外，別無法身可覓，以山花澗水的當體即是實相，表示五蘊假和合之身即金剛不壞之法身。雖然山花、澗水都會消失，但必須與其融而為一，再從這個

境界繼續修行而更進一步，在十方世界中現出全身，這種境涯已經超越了所謂無常（敗壞）或常住（堅固）。大龍之答，了無意路可尋，不但是問話的僧人，就是其他的參禪者，也未必能夠領會。這兩句答語既清麗如畫，又不可湊泊，猶如「月冷風高，古岩寒檜」，境界高遠，突兀峭拔，不容近傍。

「路逢達道人，不將語默對。」通達禪道之人心心相印，機機相投。如果問者不是達道人，師家即無法與之心心相印。大龍之答，揭示色身即法身，粉碎了學人色身敗壞法身堅固的妄執，猶如「手把白玉鞭，驪珠盡擊碎」，提起玉鞭將學人尊貴得如驪龍寶珠似的謬執，一擊粉碎，將其斷常相對的意識粉碎，而使之灑灑落落，徹悟本來。

「不擊碎，增瑕纇。」兩句從反面著筆，說如果不施以本分草料，只會增長玉的瑕，絲的結，加重學人的謬誤。「國有憲章，三千條罪。」在禪道的國度裡，自有憲章。作為師家，如果不以本分事相見，不將學人的謬誤粉碎，就該當罪過三千。

此詩先用賦的筆法，敘僧人無知之問，反襯出大龍答語難以意尋。再以高古迴遠之境，象徵大龍答語的不可湊泊。並隨手拈出「路逢達道人，不將語默對」兩句禪林習語入詩，進一步點出大龍答語運用了截流之機，這種截流之機旨在擊碎學人的謬執，是宗師本分手段。此詩通過對大龍答語多層面的吟詠，表達了作者對公案的獨特體悟：法身即色身，萬古長空，一朝風月。

　　表達融匯生死，於煩惱中得到解脫的，還有「洞山無寒暑」公案及頌古。《碧巖錄》第43則：

　　　僧問洞山：「寒暑到來如何迴避？」山云：「何不向無寒暑處去。」僧云：「如何是無寒暑處？」山云：「寒時寒殺闍黎，熱時熱殺闍黎。」

洞山借寒暑指示學人超脫生死大事，寒暑喻生死，寒時安住於寒處，完全變成寒冷，熱時安住於熱處，完全變成炎熱，無有分別，就是「無寒暑」之處，就能於生死中得到解脫，自由自在。曹山問僧：「恁麼熱，向什麼處迴避？」僧云：「鑊湯爐炭裡迴避。」山云：「鑊湯爐炭裡如何迴避？」僧云：「眾苦不能到。」亦深得正偏迴互之旨。雪竇雖是雲門宗傳人，但對各家禪法秘旨都很熟諗，遂用曹洞宗風頌道：

　　　垂手還同萬仞崖，正偏何必在安排。
　　　琉璃古殿照明月，忍俊韓盧空上階。

「垂手還同萬仞崖」，曹洞宗風綿密幽微，有垂手、出世等一系列機法。「若不出世目視雲霄，若出世便灰頭土面。目視雲霄即是萬仞峰頭，灰頭土面即是垂手邊事。有時灰頭土面即在萬仞峰頭，有時萬仞峰頭即是灰頭土面。其實入廛垂手與孤峰獨立一般，歸源了性與差別智無異，切忌作兩橛會。」（圓

悟語)「正偏何必在安排」，頌洞山答僧語，大用顯發，正中偏、偏中正。「正位」係本體證悟之事，與「偏位」(現象界)交徹回互，不須著意安排，卻自然風行草偃，水到渠成。

「琉璃古殿照明月，忍俊韓盧空上階。」雪竇以琉璃古殿映照著明月，內外透明，象徵洞山答語所呈現的澄明之境。學人黏著言句，如獵犬韓盧，見到了明月的光影吠叫著衝上臺階，想找尋明月卻終無所得，因為言句不等於真意，如同月光不等於明月一樣。

此詩旨在傳達生死不二，於煩惱中獲得解脫的禪學感悟。作者讚歎洞山於接機之時，善能將正偏迴互之旨運用到禪修教化實踐之中，風行草偃，自然成文，不用纖毫的安排雕琢；以琉璃古殿明月輝光，喻洞山答語境界的高華澄澈；以韓盧尋月認影成空，暗示學人不可溺於名相，而要直探心源。入廛垂手與萬仞懸崖等無二致的意象，古殿月明中韓盧認影的描摹，都能給讀者留下鮮明而強烈的印象，引導讀者對公案本身作進一步的感悟。

融匯生死的禪學感悟，與生死全機息息相關。表達生死全機現之禪悟體驗的，有「道吾不道不道」公案及頌古。《碧巖錄》第55則：

　　道吾與漸源至一家弔慰，源拍棺云：「生邪死邪?」吾云：「生也不道，死也不道。」源云：「為什麼不道?」吾云：「不道不道。」回至中路，源云：「和

尚快與某甲道，若不道，打和尚去也。」吾云：「打
即任打，道即不道。」源便打。後道吾遷化，源到石
霜舉似前話，霜云：「生也不道，死也不道。」源云：
「為什麼不道？」霜云：「不道不道。」源於言下有省。
源一日將鍬子，於法堂上，從東過西，從西過東。
霜云：「作什麼？」源云：「覓先師靈骨。」霜云：「洪
波浩渺，白浪滔天，覓什麼先師靈骨？」（雪竇著語
云：「蒼天蒼天。」）源云：「正好著力。」太原孚云：
「先師靈骨猶在。」

禪者行住坐臥，心裡時時刻刻都繫念著了生脫死的大事。當
漸源拊棺問到底應說棺中人是生還是死的時候，道吾毫不猶
疑地說：「既不能說他生，也不能說他死。」漸源不解其義，
再次追問，道吾仍然不說。回寺途中漸源又加追問，並毆打
道吾，道吾仍然不說。後來漸源聽到行者頌念〈觀世音菩薩
普門品〉「應以比丘身得度者，即現比丘身而為說法」時，恍
然大悟，方知開悟本不在言句上，自己原來是錯怪了先師。
雪竇頌云：

兔馬有角，牛羊無角。
絕毫絕釐，如山如嶽。
黃金靈骨今猶在，白浪滔天何處著。
無處著，隻履西歸曾失卻。

「兔馬有角，牛羊無角。絕毫絕釐，如山如嶽。」此四句詠「不道不道」，就像摩尼寶珠一樣，雪竇整個吐在了你的面前。作者運用了無背無面、無正無反、「日午打三更」式的禪悟直覺意象，不容擬議尋思。

「黃金靈骨今猶在，白浪滔天何處著。」頌石霜和太原孚上座的對話。漸源開悟後，來到石霜處，在法堂上扛著鍬，說要尋覓道吾靈骨，石霜說洪波浩渺，白浪滔天（喻真如佛性充滿天地），覓什麼先師靈骨？漸源說：「對，這正是我著力之處！」表現了奇特的悟境。詩以反語的形式，讚歎了道吾的著力（受用）之處。

「無處著，隻履西歸曾失卻。」兩句宕開筆觸，設想如果無處著力，即漸源不能領會師意、紹承禪法的話，那麼隨著道吾之死，這一脈禪法也就斷絕了。言外之意，漸源「正好著力」，真正領會了生死全機現，因此，道吾的「隻履」（靈骨）便永遠留在了世上。

此詩運用了奇特的禪悟直覺意象，讚頌了「生也不道，死也不道」的不容擬議揣度，並且提示對這組直覺意象本身也不可擬議揣度，可謂突兀崢嶸，迴超意表；詩中還以感歎的句式，化用孚上座、石霜、漸源之語入詩，增強了迴環唱歎的藝術效果；最後從反面落墨，暗示漸源對道吾「不道不道」的精髓已有透徹之悟。此詩不論是正說、側說、反說，都遵循不著死語的原則，含蓄蘊藉，情思搖曳。

打通聖凡

　　每個參禪者都追求開悟，都想超凡入聖。但如果只是一味住於聖境，而缺乏轉身一路，由聖入凡，就缺乏利他行，不能悲智雙運，這是禪宗的大忌。禪宗有不少公案，就是為了打通聖凡的隔礙，而使人獲得聖凡一如的體驗。《碧巖錄》第33則「資福圓相」：

　　　　陳操尚書看資福，福見來便畫一圓相。操云：
　　「弟子恁麼來，早是不著便，何況更畫一圓相。」福
　　便掩卻方丈門。雪竇云：「陳操只具一隻眼。」

陳操與裴休、李翱是同時代人，有一定的禪學修養。一次他去參見資福，資福是溈仰宗傑出的禪師，平常喜歡以境接人。他見陳操來到，便畫了一個圓相，以這種門派相傳的姿態作為招待。陳操自以為是一個懂得機用的人，便說：「我這一來，若以真空無相的禪法而言，一切都是多餘的，你這樣款待我，實在是不敢當。」陳操的話，看似通達透徹，實則缺乏日常生活中的機用，充分流露了得意洋洋的「表悟」心境。資福認為這種態度是未曾有過深刻的修行，覺得非常失望，便關起房門，這是提醒陳操自省過錯的又一次款待。雪竇說：「陳操只具一隻眼。」所謂一隻眼，即是指陳操只具備自覺（向上門）

的一隻眼睛，而缺乏覷他（向下門）的慧眼。因為陳操不知
一圓相就是自他不二主客圓融的大智（自利）和大悲（利他）
的象徵（參《一日一禪》第162頁）。雪竇頌云：

　　團團珠繞玉珊珊，馬載驢駄上鐵船。
　　分付海山無事客，釣鰲時下一圈攣。

「團團珠繞玉珊珊，馬載驢駄上鐵船。」此二句描摹圓相。「團
團」狀圓相形狀之圓滿；「珠繞」狀圓相質地之美麗，「玉珊
珊」狀圓相音聲之清脆悅耳。七字丹青妙筆，將圓相刻劃得
維妙維肖。次句以馬載驢駄寫圓相數目之多，形體之大，分
量之沉。因為這些圓相要被駄到飄浮在海面的「鐵船」上，
自然不是當作一般的用途。

　　「分付海山無事客，釣鰲時下一圈攣。」兩句承上，說一
般的參禪者承受不起這圓相，不值得分付，須是將它託付給
海上仙山中的無事高人。只有違情順境、佛陀祖師都奈何不
了的灑脫無事之人，才能承當得起；胸中存有纖毫的凡情聖
念，就難以承當。暗示陳操是沉溺於聖境之人，消受不起資
福送給他的圓相。

　　此詩前二句形象地描繪出圓相之美，以及圓相的奇特作
用，指出必須是不住聖境、聖凡一如之人，才能擔當承受。
後二句說只有胸次灑落的無事禪客，才能用圓相釣到大根利
器的禪門龍象，否則就會釣鯨不成只得蛙，事與願違。

　　表達不居聖境、聖凡一如之禪悟體驗的，還有「保福妙峰頂」公案及頌古。《碧巖錄》第23則：

　　　　保福、長慶遊山次，福以手指云：「只這裡便是妙峰頂。」慶云：「是則是，可惜許。」後舉似鏡清，清云：「若不是孫公，便見髑髏遍野。」

保福、長慶、鏡清，都是雪峰的法嗣，同得同證，同見同聞。保福「只這裡便是妙峰頂」，意在勘驗長慶，長慶回答：「是即是，可惜許。」後來長慶將遊山對答告訴給鏡清，鏡清說：「如果不是長慶，其他的人必然會陷入見地偏枯、枯木寒岩的境界，滿山遍野所見到的都是髑髏。」妙高峰頂是善財童子參訪求道的第一站，也就是德雲比丘所住的山。對鏡清的證悟，保福、長慶的機用，雪竇的詩吟頌得非常明白：

　　　　妙峰孤頂草離離，拈得分明付與誰。
　　　　不是孫公辨端的，髑髏著地幾人知？

「妙峰孤頂草離離」，表面寫遊山景色，實則以草象徵見取。詩意說如果在草裡轉來轉去，就落於見取，沉溺於對聖境的執著，便永無了悟之期。「拈得分明付與誰」，頌保福「只這裡便是妙峰頂」，意為保福指山說這裡分明就是妙高峰頂。他到底要把這種沉溺於聖境的見解交付給什麼人？

「不是孫公辨端的，髑髏著地幾人知?」兩句化用鏡清的話，說如果不是長慶（俗姓孫）說出「是則是，可惜許」的話，就會髑髏遍地。妙高峰頂代表著平等一如及真空無相的禪悟。它雖然美好，但如果以此為滿足，那就是死水頑空般的枯禪，正是髑髏遍野的境象。必須將真空無相轉為真空妙有，為普渡眾生而發揮機用（參《一日一禪》第234頁）。長慶的話，表現了悲智雙運的禪者，不留戀妙高峰頂的景色，從悟境轉身、入廛垂手的禪者悲懷。

　　此詩前二句看似對當時情景的重現，實則暗示保福落於見取之草，溺於聖境。後二句說如果不是長慶深辨其意，禪者便會高踞在了悟的妙高峰頂，只知自利而不能利他，停留在聖境而缺乏轉身一路，喪失禪悟慧命。因此它看似對公案情景的客觀再現，實則皮裡陽秋，表達了作者透徹的禪悟體驗。雪竇認同長慶、鏡清的觀點，而對保福的話不以為然，詩中對保福「只這裡便是妙峰頂」的沾沾自喜高推聖境之心予以批評，借助「草離離」暗示出保福已落於見取之草。「草離離」既是實景描繪，又是見取的象徵，不即不離，不黏不脫。後二句化用鏡清語，全同己出，口吻、神情皆與鏡清合而為一。詩與公案珠聯璧合。

　　表達打通聖凡之禪悟體驗的，有「蓮花拄杖」公案及頌古。《碧巖錄》第25則：

　　蓮花峰庵主，拈拄杖示眾云：「古人到這裡，為

什麼不肯住?」眾無語。自代云:「為他途路不得力。」
復云:「畢竟如何?」又自代云:「櫟栗橫擔不顧人,
直入千峰萬峰去。」

蓮花峰庵主宋初在天台蓮花峰住庵修行,才見僧來,便拈挂
杖問:「古人到這裡為什麼不肯住?」因為無人能答,便自己
代答道:「只因路途不得力。」挂杖子是禪僧隨身常攜之物,
為什麼說路途中不得力? 這是因為金屑雖貴,落眼成翳,禪
者開悟之後,不可停留於悟境。蓮花庵主見無人領會自己的
意旨,再問:「究竟應該怎麼樣?」眾人仍舊不解,庵主只好
再一次代答說:「櫟栗橫擔不顧人,直入千峰萬峰去。」可謂
句中有眼,言外有意——「『到此』的『此』,即平等一如之
悟的正當中, 之所以不停住,是因為要到差別的路上去,此
時不再需要挂杖的幫助,自身已有足夠的力量了,所以把應
該直握的挂杖橫扛著,不管誰怎麼說,都要直衝千峰萬峰(差
別的十字街頭)而入。」(《一日一禪》第255頁)雪竇深知蓮
花庵主的意旨,根據「直入千峰萬峰去始得」這句話,吟頌
說:

眼裡塵沙耳裡土,千峰萬峰不肯住。
落花流水太茫茫,剔起眉毛何處去?

「眼裡塵沙耳裡土,千峰萬峰不肯住。」此句頌蓮花庵主的悟

境。上絕外物攀援，下絕自己身心，二六時中如癡似愚，灰頭土面地化導眾生。在學道初期，滌塵除妄，眼裡著不得沙，耳裡著不得水。等參禪到了一定的階段後，這種情況就完全改觀。參禪者心性圓熟，成為一個生鐵鑄就的漢子，不論是惡境界還是奇特境界，都如夢幻一般，泯除了一切相對的意識，眼裡著得須彌山，耳裡著得大海水。但到了這個地步，切忌沉溺在枯木死灰中，必須有轉身的出路才行。悟者入廛垂手，不居聖境，祖佛言教全無用處，高掛缽囊，橫擔拄杖，直向千峰萬峰而去。

「落花流水太茫茫」，落英繽紛，流水涓涓。習習清風將聖解之花從了悟的枝頭吹謝，泉水也不留戀在山的清潔，而潺潺地流向塵世。落花隨流水，迤邐到人間。「剔起眉毛何處去？」高揚起眉毛的禪者，到底要向什麼地方去？雪竇沒有點明，將想像的空間、禪悟的機會留給了讀者。

此詩首句用具有大乘菩薩精神的灰頭土面意象，寫悟道者不黏著於悟境，在十字街頭入泥入水地化導眾生，承受一切順逆是非境界，形象生動，給人以鮮明而強烈的感受。次句「千峰萬峰不肯住」，句式極其特殊，意為：（直入）千峰萬峰，不肯住（於聖境）。但它還可以包含這樣的意思：（連）千峰萬峰（也）不肯住，即具有超越（千峰萬峰是對聖境的超越）之超越（對千峰萬峰的超越）的質性，這便是度人而無度人心、功德而無功德念的金剛般若，這個境界，是脫落了一切意識的澄明之境，絕非言語所能形容，因此雪竇以「何

處去」的疑問結束全詩，留下了不盡的回味空間。

　　表達不住聖境禪悟體驗的，還有「長沙遊山」公案及頌古。《碧巖錄》第36則：

　　　　長沙一日遊山，歸至門首，首座問：「和尚什麼處去來？」沙云：「遊山來。」首座云：「到什麼處來？」沙云：「始隨芳草去，又逐落花回。」座云：「大似春意。」沙云：「也勝秋露滴芙蕖。」

長沙機鋒敏捷，與趙州同時。既有深厚的佛教修養，又有凌厲的禪門機用。既是「遊山」，首座卻問他「什麼處去來」，實則藉遊山的感受喻指禪悟體驗，叩問長沙修行達到了什麼境界。長沙心明如鏡，毫不黏著地依遊山之問作答說：「始隨芳草去，又逐落花回。」神采悠悠，已入遊戲三昧。「蓋始隨芳草去，顯示天地之自然悠哉，無絲毫之道理計較；逐落花而回，顯示住於無所住處，去來任運。又首座以『大似春意』一語，謂景岑只是追隨春意而已。景岑答以『也勝秋露滴芙蕖』，謂己已超越秋露滴芙蕖之枯淡而受用洋洋之春風。」雪竇頌云：

　　　　大地絕纖埃，何人眼不開。

　　　　始隨芳草去，又逐落花回。

　　　　羸鶴翹寒木，狂猿嘯古臺。

　　　　長沙無限意，咄！

「大地絕纖埃，何人眼不開。」自性清淨，了無纖埃，周遍一切。對於徹悟之人來說，黃花悉般若，翠竹皆真如，山河及大地，全露法王身，山河大地無不顯露著清淨的自性。真正證得了這種境界，何人般若之眼不開？

　　「始隨芳草去，又逐落花回。」兩句拈用長沙景岑的原句。已經徹悟的禪者，具有慧眼，能由凡入聖，由色界悟入空界，故「始隨芳草去」，如遊人登山，隨芳草而到孤峰頂上（最高的禪境），「又逐落花回」，於已證已得以後，不居於聖位而沉空滯寂，如遊人隨著落花而重返人間，發機起用。這是長沙、雪竇所到的境界。

　　「羸鶴翹寒木，狂猿嘯古臺。」兩句從反面形容出某些參禪者的失落。能寂而不能動，不能回機起用之人，往往枯坐蒲團，好似羸瘦的孤鶴翹棲在寒木的枯枝；缺乏轉身一路的人，耽溺於枯寂之境，如狂猿覓果，呼嘯叫跳於了無生機的古臺之上，而辜負了長沙之語的深意。長沙意在使人由色界證入空界，再由聖位重返凡俗。

　　「長沙無限意，咄！」雪竇吟到這裡，忽然覺得泄露了太多的天機，恍然如夢方醒，便驀地鏨卻，陡下一「咄」，結束全詩。而圓悟在評唱這則公案時，則續上「掘地更深埋」一句，認為本則公案，如寶物掘地深埋，而不輕易為人所知。

　　雪竇將本則公案吟頌得很巧妙，稱得上是一首音韻優美、

形式整飭的律詩，這與公案本身有「始隨芳草去，又逐落花回」這樣清麗如畫的詩句有關。雪竇在首聯描摹出纖塵不立的澄明之境，以「何人眼不開」喚醒參禪者開啟慧眼。頷聯則直接用長沙語入詩，對它的具體寓意則隻字不提，以引導讀者對它的本身進行涵詠回味。頸聯描寫出一副枯瘠荒寒的境象，暗示住於聖境、溺於空境之人的枯寒面貌與冷寂心境。尾聯隨說隨掃，對頸聯洩露的消息予以剗除。雖然頸聯只是側面暗示，並沒有明說，但雪竇仍覺得洩露得太多，所以用一個自我責備的「咄」字結束全詩，力挽千鈞，有香象渡河截斷眾流的氣勢。此詩本來是一首對偶精妙、韻律嚴整的律詩，充分體現了作者高超的古典詩歌修養，但在最後一句，雪竇故意破除句法，用一字收束全詩，表現了作者精於格律而又破除格律的灑脫風致。

表達拂除聖念的，還有「國師十身調御」公案及頌古。《碧巖錄》第99則：

> 肅宗帝問忠國師：「如何是十身調御？」國師云：
> 「檀越踏毗盧頂上行。」帝云：「寡人不會。」國師云：
> 「莫認自己清淨法身。」

十身即將佛德分成十項來看，調御是佛的十號之一，肅宗之問的意思猶如「佛是什麼？」這是自恃膚淺的見解，在問佛的口氣中，大有「朕即是佛」的傲慢。國師在回答時，入泥入

水，落草求人，說如果想明白這個問題，必須向毘盧頂上行
始得。肅宗不解，國師更添蛇足說「莫認自己清淨法身」。法
身虛凝，靈明寂照，教家以清淨法身為極則，國師卻不教人
執著，這是因為「認著依前還不是」。雪竇頌云：

> 一國之師亦強名，南陽獨許振嘉聲。
> 大唐扶得真天子，曾踏毘盧頂上行。
> 鐵錘擊碎黃金骨，天地之間更何物。
> 三千剎海夜沉沉，不知誰入蒼龍窟？

「一國之師亦強名，南陽獨許振嘉聲。」雪竇指出，至人無名，
所謂「國師」只不過是勉強安立的名號。在國師之中，善於
接化學人的，以南陽國師最為老成。「大唐扶得真天子，曾踏
毘盧頂上行。」意為必須向毘盧頂上行，才能見到這「十身調
御」。但有了法身的觀念，則又成執著，因此雪竇運用金剛般
若隨說隨掃，說國師的作略是「鐵錘擊碎黃金骨，天地之間
更何物」，將肅宗珍貴得如黃金骨的清淨法身觀念一錘擊碎，
直得淨裸裸赤灑灑，更無一物可得，掃到無可掃，方是本來
心，方是本地風光。此時一似「三千剎海夜沉沉」，三千大千
世界香水海中有無邊剎，一剎有一海，正當夜靜更深時，天
地澄澈，不可湊泊。如果閉目合眼來理會，正墮在毒海裡。
必須有進入蒼龍窟宅探取驪珠的機用，才是活的法身。末句
「不知誰入蒼龍窟」，表現出不執著清淨法身、月明簾下轉身、

荊棘叢中投足的大機大用和慈悲情懷。

此詩首二句從破除國師的名相入手，烘托出南陽國師不戀浮名的超逸僧格。三四句重現公案情景，並指出這是國師對肅宗的特殊接引。五六句點明國師之語的主旨，是為了粉碎肅宗法身尊貴的意念。末二句暈染出一幅廣袤無垠、闃寂寧謐的情境，並暗示對此情境也不可執著，而要月明簾下轉身出，荊棘叢中下腳行。此詩將公案奧義抉發無遺，並以形象的畫面，拓展了公案的內涵。

圓融空有

禪宗開悟論的一個常用口號是「放下」，撥落一切情塵欲累，以臻於空明澄澈之境。但正如筆者反覆強調的那樣，禪最忌執著。如果執著於空，就溺於死水頑空，而缺乏生機與活力。因此，在「行到水窮處」，還要「坐看雲起」，在真空中顯發出妙有的機用，將真空妙有打成一片，空有不二，才有真實受用。表達空有不二、死中得活禪悟體驗的，有「龍牙西來意」公案及頌古。《碧巖錄》第20則：

　　舉龍牙問翠微：「如何是祖師西來意？」微云：「與我過禪板來。」牙過禪板與翠微，微接得便打。牙云：「打即任打，要且無祖師西來意。」牙又問臨濟：「如何是祖師西來意？」濟云：「與我過蒲團來。」

　　牙取蒲團過與臨濟，濟接得便打。牙云：「打即任打，
　　要且無祖師西來意。」

龍牙問「如何是祖師西來意」，對這個問題，翠微說給我拿禪
板來，臨濟說給我拿蒲團來，都已提示出超越否定與肯定的
向上一路。龍牙把禪專解為否定一邊，以「無」為禪，唯將
「無」的否定方面來應用。翠微與臨濟，都是超過了否定和
肯定、差別和平等的向上義，欲提示非禪道、非佛道、超越
凡聖的向上一路。龍牙堅持「無祖師西來意」，是在死水裡作
活計，墮於平等的一面而沒有差別的作用。翠微、臨濟要龍
牙遞過禪板、蒲團來，是要試試龍牙的見識，這是假設的，
是「權」。接得便打，這便是「實」。權實自在運用，禪機潑
刺刺地躍動。換言之，將否定、肯定都超越過去，而且拿這
些來自由運用，就成為「禪機」。對於龍牙這樣墮陷於否定一
面的人，就必須打破這個死窟窿。雪竇頌云：

　　龍牙山裡龍無眼，死水何曾振古風。
　　禪板蒲團不能用，只應分付與盧公。

「龍牙山裡龍無眼，死水何曾振古風。」雪竇認為，澄潭不許
蒼龍蟠，死水沒有獰龍蟄。如果是一條活龍，須向洪波浩渺、
白浪滔天處騰雲致雨。龍牙本欲向翠微和臨濟張牙舞爪，卻
不能運用禪板、蒲團，只不過是一條瞎龍，墮入死水，了無

生意。既然是死水，就沒有翻天倒地的怒濤活力，所以難以振起達摩的真風。

「禪板蒲團不能用，只應分付與盧公。」翠微、臨濟分別讓龍牙拿來禪板、蒲團，龍牙依言遞給他們，正是在死水裡作活計。龍牙分明是駕著一條青龍，卻不知道騎乘，無法顯發出大機大用。因此雪竇說，假若那禪板、蒲團分付到我，便要大大的賣弄一下。我當時若作龍牙，待他要禪板、蒲團時，便拈起來劈面擲過去。詩中「盧公」係雪竇自指，含有以六祖慧能自許的意思。雪竇頌此公案，意猶未盡，另作一頌說：

> 盧公付了亦何憑？坐倚休將繼祖燈。
> 堪對暮雲歸未合，遠山無限碧層層。

「盧公付了亦何憑？坐倚休將繼祖燈。」盧公得到了禪板、蒲團就會顯發大機大用，不必問有什麼憑據。只要沒有一絲掛礙橫梗在心中，灑灑落落，又何必要憑據。此時行住坐臥，語默動靜，不用再作佛法道理。雪竇興會淋漓地吟頌之後，宕開一筆，描畫出一幅美妙的景色：「堪對暮雲歸未合，遠山無限碧層層。」黃昏時分夕陽染紅了逐漸籠罩在山頭的雲彩，從飄浮的紅雲中，隱約可見遠處的青山，層層交疊，形成了一種無法形容的景色。這是脫落清塵意想的現量境，能洗去各種煩惱與妄想，也與公案的主旨息息相通 —— 本則公案顯

示出禪的根本法：現成的就是絕對無。一凝滯在差別、平等、肯定、否定的任何一邊，便失卻自在的作用；若超過了這些對立面，並使之自在地運用起來，才是禪的真實義。

雪竇吟頌本則公案，先後用了兩首詩。前詩從無眼龍蟄伏死水意象生發，表達了對墮於枯寂的惋歎之情，以及對大機大用的呼喚。後詩另闢一境，寫脫落了相對觀念之後，行住坐臥皆是道，並以美麗的現量境，象徵脫落煩惱的禪悟體驗。小詩蘊藉高華，瑰麗雄渾，顯示了作者矯健的筆力。

表達融匯生死之禪悟體驗的，有「大死卻活」公案及頌古。《碧巖錄》第41則：

　　趙州問投子：「大死底人卻活時如何？」投子云：
「不許夜行，投明須到。」

「大死底人」是指無念無作之人。「大死」是否定相對知識，而「大活」是般若智慧的覺醒。大死的人，沒有佛法道理，沒有玄妙、得失、是非、長短等等的計較思量，到了這個地步就是「休去歇去」。趙州問意如此。如果不是投子，被趙州一問，也實在難以酬對。投子回答得絕情絕跡，一般人不易明白。雪竇頌云：

　　活中有眼還同死，藥忌何須鑑作家。
　　古佛尚言曾未到，不知誰解撒塵沙？

「活中有眼還同死，藥忌何須鑑作家。」雪竇是徹悟的人，所以能將這句話吟得恰到好處，意為大死一番、絕後再蘇的人，別具隻眼，雖然與死漢相似，又何嘗是死？「大死的人」別具隻眼，就如同活人。趙州是大活的人，故意提出「大死」的問話，來勘驗投子。這就像對藥物所禁忌的東西，明明已經知道了，卻還要故意拿來作實驗一樣。這兩句頌趙州之問。

「古佛尚言曾未到，不知誰解撒塵沙？」後二句頌投子之答。大死之人卻活，絕非意路所能達到，縱是釋迦、達摩也還要再參才行，更遑論天下的禪僧。雪竇讚歎道，這種接引學人的機法實在太奇特，不知哪位宗師才有如此手段？言外之意，除了投子再無他人。天下老和尚高高坐在禪床上行棒行喝，現神通、作主宰，其實都是在「撒沙」。而像投子能作出那樣的回答，才是真正懂得接引學人的宗師。但投子機鋒再高妙，仍然是在「撒塵沙」，只不過是撒得藝術些罷了。而禪，是纖塵不立的。凡有言句，皆是「撒沙」。

此詩將公案中的「大死之人卻活」進行置換，改造成「活中有眼還同死」的觸背句式，將趙州之問的精髓神妙地傳達出來。次句「藥忌何須鑑作家」，是說趙州故意試探投子，而投子是宗師，能夠從容接機。三四兩句說「不許夜行，投明須到」的境界，連古佛都難以達到，不知誰還能比投子更能懂得接機的奧妙？對投子答語的讚賞之情溢於言外。

表達死中得活的禪悟體驗有「麻谷振錫」公案及頌古。《碧巖錄》第31則：

　　麻谷持錫到章敬，繞禪床三匝，振錫一下，卓
然而立。敬云：「是，是。」（雪竇著語云：「錯。」）
麻谷又到南泉繞禪床三匝，振錫一下，卓然而立。
泉云：「不是，不是。」（雪竇著語云：「錯。」）麻谷
當時云：「章敬道是，和尚為什麼道不是？」泉云：
「章敬即是，是汝不是。此是風力所轉，終成敗壞。」

章敬道「是，是」，南泉道「不是，不是」，到底是同是別？
章敬道「是」，南泉道「不是」，雪竇為什麼一概說錯？凡此，
都能引發起極大的疑情。雪竇作頌，也只頌這兩錯，以指出
活潑潑的轉身出路：

　　此錯彼錯，切忌拈卻。
　　四海浪平，百川潮落。
　　古策風高十二門，門門有路空蕭索。
　　非蕭索，作者好求無病藥。

「此錯彼錯，切忌拈卻。」雪竇這首詩很像頌德山見溈山公案，
先對公案下兩轉語，穿作一串，然後頌出。雪竇意為，此處
一錯，彼處一錯，切忌拈卻，拈卻即乖違原意，必須這樣下
兩個「錯」，才算是「四海浪平，百川潮落」，心川意海澄澈
無波，清風朗月自然現前。你只要向這兩錯下悟入，就沒有
一丁點事，山只是山水只是水，長者自長短者自短，五日一

風十日一雨。

「古策風高十二門」，禪僧以拄杖為策，古策即是拄杖。詩意謂拄杖頭上清風，高於帝釋所居的十二朱門。「所謂古策是父母未生前即本具的錫杖，通常錫杖的頭上有十二個金環，因此才有風高（高雅）智杖十二門之頌。這十二個門，卻是通往涅槃的門，也就是久遠劫來開放的空（絕對無）門，是一個清靜無聲之地。」（《一日一禪》第244頁）「門門有路空蕭索。」雪竇頌到這裡，發覺已經泄露了天機，立即予以掃除，說禪者如果不能透過這兩錯的話，雖然有路通向了悟之門，仍不是究竟的「蕭索」。

「非蕭索，作者好求無病藥。」詩意承接上文進一步轉折說，縱然如此，仔細地觀想，這還不是真正的「蕭索」（空境），因為還有「無一物」，還有一種「無」的病。如果是一個法眼通明的宗師，就必須去求「無」病之藥，以療治那種欠缺轉身活路的死人禪（參《一日一禪》第244頁）。

此詩先以「此錯彼錯，切忌拈卻」設置了一道艱險異常的難關，對「是」與「不是」連下兩「錯」，將人的意路逼向絕境。再以「四海浪平，百川潮落」形容掉臂過關者川海無波的恬靜心態。復以「古策風高十二門」形容悟者高標和真空無相的境界，又旋立旋破，說此真空無相的狀態只是「空蕭索」、「非蕭索」，容易墮於枯寂的一面，因此還須運用禪機，將「無」的病治好。詩歌運用了金剛般若，用「此錯彼錯」拂卻「是」與「不是」，以使人臻於真空無相的心境，又立即

將此心境予以拂除，纖塵不立，心月孤明。句式的長短錯綜，詩意的轉折多姿，禪境的層層脫落，都得到了巧妙的藝術表現。

公案頌古與禪門機鋒

雙收雙放若為宗，

騎虎由來要絕動。

笑罷不知何處去，

只應千古動悲風。

　　公案的靈魂是機鋒。所謂「機」，是指感受某種具體情境所激發而活動的心靈的作用，或指契合佛教真理的關鍵、機宜；所謂「鋒」，指活用禪機的敏銳狀態。「機鋒」指師家或禪僧與他人對機或接化學人時，常用寄意深刻、無跡可尋，乃至超越邏輯的語言來表現禪悟境界或勘驗對方。禪宗的機鋒，迅疾如石火電光，峻峭似銀山鐵壁，銳利猶箭鋒相拄。《碧巖錄》中有很多內容象徵、吟詠禪宗對機。這類公案及頌古大體可以分為四類：

　　⑴擊節機鋒迅疾：啐啄之機（第16則）、德山到潙山（第4則）、翠岩眉毛（第8則）、風穴鐵牛機（第38則）、一切聲是佛聲（第79則）、定上座問臨濟（第32則）。

　　⑵讚歎機鋒相酬：劉鐵磨到潙山（第24則）、明招茶銚（第48則）、雲門問僧（第54則）、獨坐大雄峰（第26則）、慧寂慧然（第68則）、烏臼問僧（第75則）、末後句（第51則）。

　　⑶激賞大機大用：好雪片片（第42則）、塵中塵（第81則）、趙州石橋（第52則）、趙州四門（第9則）。

　　⑷批評機鋒遲鈍：如來二種語（第95則）、睦州問僧（第10則）、大光野狐精（第93則）、西院二錯（第98則）、桐峰大蟲（第85則）、黃巢後劍（第66則）、一鏃破三關（第56則）。

擊節機鋒迅疾

　　禪宗對機，講究機機相副，箭鋒相拄。考鏡機用的高低

深淺，有「啐啄之機」公案及頌古。《碧巖錄》第16則：

> 僧問鏡清：「學人啐，請師啄。」清云：「還得活
> 也無？」僧云：「若不活，遭人怪笑。」清云：「也是
> 草裡漢。」

鏡清常以啐啄之機開示後學，曾示眾說：「大凡行腳人，須具
啐啄同時眼，有啐啄同時用，方稱衲僧。如母欲啄，而子不
得不啐；子欲啐，而母不得不啄。」本則公案中，鏡清的機用
如石火電光。雪竇喜歡鏡清這句「草裡漢」，頌道：

> 古佛有家風，對揚遭貶剝。
> 子母不相知，是誰同啐啄？
> 啄，覺，猶在殼，
> 重遭撲，天下衲僧徒名邈。

「古佛有家風，對揚遭貶剝。」釋迦牟尼初生，指天指地，說
「天上天下，唯我獨尊」，雲門說：「我當時若見，一棒打殺，
與狗子吃卻，貴圖天下太平。」（《五燈會元》卷15〈文偃〉）
如此方是啐啄之機，酬對得恰到好處，是古佛家風。如果疑
惑未斷，黏滯言句，便有「貶剝」。
　　「子母不相知，是誰同啐啄？」雪竇對公案悟得透徹，解
釋得清清楚楚：母雖啄，不能致子之啐；子雖啐，不能致母

之啄；母子各不相知，則啐啄之時，是誰在同時啐啄？但縱是這樣理解，仍然不能透過雪竇末後句。雞子在蛋殼裡啐，母雞在蛋殼外啄，雞子並不覺得蛋殼的存在，小雞母雞都到了渾然忘我的地步，啐啄之機便自然顯發，不致錯過機會。這樣同道唱和，才有獨到的見地。

「啄」，這一字是頌鏡清答道「還得活也無」。學人認為自己修行已到領悟邊緣，只要向外啐，加上老師的一啄即可悟道。鏡清說：「這時給你啄一啄，果真會生嗎？會不會流產？」言外之意是我早就啄過你了，但你自己似乎還未能向外啐出來。「覺」，頌這僧道「若不活，遭人怪笑」。僧人聽了鏡清的話，說：「如果我未生出來，人家會笑我的。」此僧有些迷糊懵懂，雞蛋早已破碎，他本人還不知道。所以雪竇接著說「猶在殼」，以小雞尚處殼中，喻其僧未悟。雪竇更下一句說「重遭撲」，頌鏡清道「也是草裡漢」。鏡清暗示其僧仍被妄想所包圍，只是個不成器的東西。雪竇讚歎鏡清再度粉碎學人妄念，在詩的最後以「天下衲僧徒名邈」剪斷葛藤，說對啐啄之機，很多參禪者都拘泥於名相，結果越扯越遠。

此詩先提出對公案的總體見解，說學人在與鏡清的對機中遭到了「貶剝」。再以「子母不相知，是誰同啐啄」引導讀者進入更為深邃的公案境界。復以「啄」、「覺」等單音節促聲字，繪聲繪色地重現了對機情景，以「猶在殼，重遭撲」對其僧自以為悟的心念重重遣除，再一次掃蕩天下禪僧拘泥名相的意念，引導讀者對啐啄之機作透徹之悟。詩多用單字

短句，音節奇古，格調清越，聲情搖曳。

　　讚頌機鋒迅疾的，有「德山到溈山」公案及頌古。《碧巖錄》第4則：

　　　　德山到溈山，從東過西，從西過東，顧視云：「無，無。」便出。（雪竇著語云：「勘破了也。」）德山至門首卻云：「也不得草草。」便具威儀，再入相見。溈山坐次，德山提起坐具云：「和尚。」溈山擬取拂子，德山便喝，拂袖而出。德山背卻法堂，著草鞋便行。（雪竇著語云：「勘破了也。」）溈山至晚問首座：「適來新到在什麼處？」首座云：「當時背卻法堂，著草鞋出去也。」溈山云：「此子已後，向孤峰頂上，盤結草庵，呵佛罵祖去在。」

德山聽說溈山弘化一方，直往溈山，以大師的風格相見。後來德山呵佛罵祖，打風打雨，始終跳不出溈山窠窟，被溈山見透平生伎倆。雪竇知道本則公案的落處，敢與他評斷，更道：「雪上加霜。」頌云：

　　　　一勘破，二勘破，雪上加霜曾險墮。
　　　　飛騎將軍入虜庭，再得完全能幾個？
　　　　急走過，不放過，孤峰頂上草裡坐。

「一勘破，二勘破，雪上加霜曾險墮。」雪竇參透這公案，於至幽極微處，著三轉語，撮來頌出。此三句，說潙山兩度勘破德山，並且在德山去後再下斷語，將他再度勘破，德山可謂雪上加霜，幾乎險墮。

「飛騎將軍入虜庭,再得完全能幾個?」兩句承上「險墮」，讚歎德山的機略。德山好像漢代的飛將軍李廣。李廣天性善射，深入虜庭，被匈奴生擒，李廣智奪胡馬胡箭，射退追騎，才逃了出來。德山再入相見，雖然形勢險峻，卻像李廣一樣能死中得活，轉身有路。有的人對機時，開始還像個禪僧，輕輕捱著，便七支八離，所以宗師們常感歎將功夫做到相續不斷、首尾一如實在不易。

「急走過，不放過，孤峰頂上草裡坐。」德山大喝之後走出法堂，似李廣被捉後設計逃出險境。雪竇頌到這裡，顯示了其高深的悟境，說德山背卻法堂穿草鞋出去，以為得了便宜，殊不知潙山依舊不放他出頭，後來德山呵佛罵祖，終究跳不出潙山的預言。

雪竇的這首頌古寫得非常圓熟，設喻貼切，傳神阿堵，將德山流星激箭似的禪風形容得淋漓盡致。而潙山慧眼識英雄、不遺人法的般若觀照，亦無限幽邃，雖遭遇劇變也能以雍容的態度泰然處之，意度沉雄嫻靜，淵深莫測。

顯示禪者大機大用，勇於擔當氣質的，有「翠岩眉毛」公案及頌古。《碧巖錄》第8則：

　　翠岩夏末示眾云：「一夏以來，為兄弟說話，看
翠岩眉毛在麼？」保福云：「作賊人心虛。」長慶云：
「生也。」雲門云：「關。」

對本則公案，有不少人向字句上咬嚼，向「眉毛」上揣摩，
都不能得其要領。本則公案看似尋常實奇特。三人的回答，
表達了各自的體驗和境界，尤其是雲門「關」字，極為奇險，
難以參透。雪竇頌云：

　　　翠岩示徒，千古無對。
　　　「關」字相酬，失錢遭罪。
　　　潦倒保福，抑揚難得。
　　　嘮嘮翠岩，分明是賊。
　　　白圭無玷，誰辨真假。
　　　長慶相諳，眉毛生也。

「翠岩示徒，千古無對。」翠岩只說個「看眉毛在麼」，雪竇
即讚美它千古無對，說它過於德山棒臨濟喝。「『關』字相酬，
失錢遭罪。」縱然是具備了透越三關的眼目，到這裡也須留神
才行。到底是翠岩失錢遭罪，是雪竇失錢遭罪，還是雲門失
錢遭罪？「潦倒保福，抑揚難得。」保福什麼處是抑，什麼處
是揚？「嘮嘮翠岩，分明是賊。」翠岩到底偷了個什麼，雪竇
說他是賊？凡此皆切忌隨雪竇語脈轉，必須是有透徹之悟的

人才知端的。「白圭無玷，誰辨真假。」頌翠岩如同白圭一樣，沒有絲毫瑕翳，卻很少有人能夠分辨。雪竇才氣縱橫，從頭至尾，一串穿卻，到最後才頌道：「長慶相諳，眉毛生也。」眉毛到底「生」在什麼處，雪竇仍然沒有點明。

　　雪竇的頌古，將對各人悟境的評判一一開列，直接得出結論，而抽去了得出結論的過程，這就使得禪詩呈現出超越邏輯的大幅度跳躍性，充分激活了讀者直覺思維的創造因子，對公案作透髓徹骨的體證，以獲得達成禪悟的關鍵一躍。

　　表示機鋒迅疾的，還有「風穴鐵牛機」公案及頌古。《碧巖錄》第38則：

　　　　風穴在鄭州衙內，上堂云：「祖師心印，狀似鐵牛之機。去即印住，住即印破。只如不去不住，印即是不印即是？」時有盧陂長老出問：「某甲有鐵牛之機，請師不搭印。」穴云：「慣釣鯨鯢澄巨浸，卻嗟蛙步輾泥沙。」陂佇思，穴喝云：「長老何不進語？」陂擬議，穴打一拂子。穴云：「還記得話頭麼？試舉看。」陂擬開口，穴又打一拂子。牧主云：「佛法與王法一般。」穴云：「見個什麼道理？」牧主云：「當斷不斷，返招其亂。」穴便下座。

風穴是臨濟會下的一位尊宿。其時正值五代，臨濟宗禪法非常流行，郢州太守請風穴到衙門內過夏，本則公案就是太守

請他上堂說法時的一段對話。鐵牛是黃河的鎮守神，形體龐大，用鐵鑄成。風穴以鐵牛之機表祖師心印，謂祖師心印的機用，頗似黃河守護神鐵牛。一顆圖章，蓋了便拿開，就會留下印文來（放行、肯定），蓋著不拿走，便看不見印文（把住、否定）。假定既不拿開也不捺著不動，這顆圖章是蓋好還是不蓋好？法會中的盧陂長老也是臨濟下尊宿，出眾對機。風穴說用十二頭水牯牛作為鉤餌，本想接引大根器，卻只釣到瑣屑人。盧陂不能當機立斷，正準備想出機語來應對，卻被風穴步步緊逼。盧陂又想找辦法來應付，未及想出，早已肝腦塗地。雪竇頌云：

　　擒得盧陂跨鐵牛，三玄戈甲未輕酬。

　　楚王城畔朝宗水，喝下曾令卻倒流。

「擒得盧陂跨鐵牛，三玄戈甲未輕酬。」臨濟宗一句中有三玄，一玄中具三要。詩意謂風穴一句之中具備三玄，如同操戈執甲的勇士，不易應付。如果不是這樣，就拿盧陂沒辦法。

　　「楚王城畔朝宗水，喝下曾令卻倒流。」雪竇頌風穴的機鋒，別說是盧陂，即使是楚王城畔，洪波浩渺，白浪滔天，盡去朝宗，只要大喝一聲，也足以使河水倒流！

　　此詩以作戰喻法戰，讚歎風穴擒得盧陂，跨在鐵牛之上，威風凜凜。風穴以臨濟三玄三要作為盔甲武器，機鋒銳不可當。詩以誇張的手法讚歎這種勇猛的氣概，一喝之下，百川

倒流，表達了作者對風穴機用的讚歎之情。

　　顯發大機大用、機鋒圓熟的，還有「一切聲是佛聲」公案及頌古。《碧巖錄》第79則：

　　僧問投子：「一切聲是佛聲，是否？」投子云：「是。」僧云：「和尚莫屎沸碗鳴聲。」投子便打。又問：「粗言及細語，皆歸第一義，是否？」投子云：「是。」僧云：「喚和尚作一頭驢得麼？」投子便打。

學人將聲色佛法見解貼在額頭上，設下機關想套住投子。投子深辨來風，不動聲色地予以肯定。學人於是用屎沸、碗鳴聲也是佛聲，呼和尚為一頭驢也是第一義來反問投子。投子動弦別曲，釣他後語。學人不知，果然一釣便上。投子當即施以本色鉗錘，應聲便打，機輪轆轆地轉。學人想設圈套捋虎鬚，到最後反而鑽進了投子的圈套。「此僧是故意用惡平等的方法來問，一切惡平等都出自己見，必須從根柢裡掃蕩這種己見，這正是師家的任務。」（《一日一禪》第274頁）如果其僧有轉身一路，就成了個口似血盆的漢子，在投子拈棒時便掀倒禪床，縱使投子全機大用，也須倒退三千里。學人不能當機大用，敗在了投子的手裡。雪竇頌云：

　　投子投子，機輪無阻。
　　放一得二，同彼同此。

可憐無限弄潮人，畢竟還落潮中死。
忽然活，百川倒流鬧漷漷。

「投子投子，機輪無阻。」禪宗常說：「機輪轉處，作者猶迷。」投子機鋒靈動，全無滯礙，所以雪竇說「放一得二」。本則公案中，投子答僧只用一個「是」字，其僧卻兩回被打，所以雪竇說「同彼同此」。前四句頌完投子，後面頌這僧。

「可憐無限弄潮人」，這僧敢於拔旗奪鼓地說「和尚莫屎沸碗鳴聲」、「喚和尚作一頭驢得麼」，這就是「弄潮」處。但弄潮須有好水性，這僧用盡伎倆，照樣敗在投子手裡，到最後落潮而死。投子應聲便打，這僧有頭無尾。雪竇想救活這僧，說「忽然活」，設想如果掀倒禪床的話，不但投子要倒退三千里，就連百川也要嘩嘩倒流；不僅禪床震動，甚至山川動搖，天昏地暗，日月無光。

投子風格看似樸實，卻極是高深莫測，達到了大智若愚大辯若訥的化境，表現了圓熟的機用。雪竇的詩，通過對投子以不變應萬變、處其環中妙用無窮的大機大用的吟讚，表現了對投子機鋒的無限崇仰。詩中對弄潮意象的運用，也極富動感。

表達大機大用的還有「定上座問臨濟」公案及頌古。《碧巖錄》第32則：

定上座問臨濟：「如何是佛法大意？」濟下禪床

擒住，與一掌，便托開。定佇立。傍僧云：「定上座
何不禮拜？」定方禮拜，忽然大悟。

本則公案中，臨濟接機直出直入，直往直來，充分地顯示了
臨濟宗峻烈逼拶的風格。定上座被臨濟打了一掌，禮拜起來，
當即就知道了臨濟的旨趣。雪竇頌云：

　　斷際全機繼後蹤，持來何必在從容。
　　巨靈抬手無多子，分破華山千萬重。

「斷際全機繼後蹤，持來何必在從容。」黃檗（諡斷際禪師）
的大機大用，只有臨濟才能繼承。臨濟拈起一句話，不容別
人再去推理尋思。稍一猶豫，便會落在五陰十二界，而如《楞
嚴經》卷4所說的那樣：「如我按指，海印發光。汝暫舉心，
塵勞先起。」
　　「巨靈抬手無多子，分破華山千萬重。」臨濟一掌的威力，
像大力神巨靈掌擘華山與中條山，放水流入黃河一樣。定上
座疑情如山堆嶽積，在臨濟一掌之下，瓦解冰消。
　　此詩先讚歎臨濟對黃檗宗風的繼承。正是在當年受到黃
檗三頓痛打的啟發下，臨濟才豁然大悟，並形成了峻烈機鋒，
接機時不容擬議，如電光石火。後兩句緊承前文之意，以黃
河之神巨靈揮掌擘破華山與中條山的雄奇喻象，比喻臨濟機
鋒的剛勁威猛，給人以極為強烈的印象。

讚歎機鋒相酬

　　表達機鋒相酬的有「鐵磨到溈山」公案及頌古。《碧巖錄》
第24則：

　　　　劉鐵磨到溈山，山云：「老牸牛，汝來也。」磨
　　云：「來日台山大會齋，和尚還去麼？」溈山放身臥，
　　磨便出去。

劉鐵磨平常住在距溈山十里外的一間草庵裡，有一天探訪溈
山，發生了這場法戰。劉鐵磨與溈山的機鋒如石火電光，不
容擬議。兩人機機相副，句句相投。絕情識，離妄見，如明
鏡當臺，似明珠在掌。雪竇頌云：

　　　　曾騎鐵馬入重城，敕下傳聞六國清。
　　　　猶握金鞭問歸客，夜深誰共御街行？

圓悟曾將本詩四句與公案內容一一對應：「曾騎鐵馬入重城」，
頌劉鐵磨從她所住的草庵來到溈山；「敕下傳聞六國清」，頌
溈山問「你這頭老母牛來了」；「猶握金鞭問歸客」，頌劉鐵磨
云「來日台山大會齋，和尚還去麼」；「夜深誰共御街行」，頌
溈山放身便臥，劉鐵磨便走出去。圓悟讚歎：「雪竇有這般才

調，急切處向急切處頌，緩緩處向緩緩處頌。……此頌諸方皆美之。高高峰頂立，魔外莫能知。深深海底行，佛眼覷不見。」溈山、劉鐵磨的作略看上去極其平易，卻顯示了同修同證的超悟境界，因而博得了禪林的高度讚賞。

圓悟指出，「雪竇頌，諸方以為極則。一百頌中，這一頌最具理路。就中極妙，貼體分明頌出」。確實，本詩每句都與公案的特定內容相關，看似「最具理路」、最為「貼體」，然而，這只是將每句拆開與公案細節掛鉤的詮釋方法。如果斬斷了這種細節聯繫，將本詩作為一個完整的境界來體會，則更能得雪竇的原意。詩歌詠頌的是一位身經百戰的老將（喻經受過極為刻苦的禪修鍛煉），神威凜凜，號令施處，治國靖邦（喻心國太平，剿絕妄念）。現在他手握金鞭（喻峻機猶存），詢問歸來的同行（喻同修同證之人）：誰能優遊不迫地與自己御街閒行（喻以平易風格相見）？換言之，若非具備超凡膽氣之人，是難以和自己同行的。如此從整個意境上來把握詩歌與公案的聯繫，益覺意味雋永。

表現掣電之機的，還有「明招茶銚」公案及頌古。《碧巖錄》第48則：

> 王太傅入招慶煎茶，時朗上座與明招把銚，朗翻卻茶銚。太傅見，問：「上座，茶爐下是什麼？」朗云：「捧爐神。」太傅云：「既是捧爐神，為什麼翻卻茶銚？」朗云：「仕官千日，失在一朝。」太傅拂袖

　　便去。明招云：「朗上座吃卻招慶飯了，卻去江外打
　　野�。」朗云：「和尚作麼生？」招云：「非人得其便。」
　　雪竇云：「當時但踏倒茶爐。」

朗上座話中有話，只是首尾相違，傷鋒犯手，不僅辜負自己，
同時也觸犯了別人。朗上座的回答，如同狂犬逐塊，因此王
太傅拂袖而去。朗上座問明招應該怎樣領會，明招說：「非人
得其便。」有轉身之路，也不負慧朗之問。但明招之答，終究
還是比不上雪竇所說的「當時但踏倒茶爐」來得活潑灑落。
雪竇頌云：

　　　　來問若成風，應機非善巧。
　　　　堪悲獨眼龍，曾未呈牙爪。
　　　　牙爪開，生雲雷，逆水之波經幾回。

「來問若成風，應機非善巧。堪悲獨眼龍，曾未呈牙爪。」雪
竇讚太傅問處，似運斤成風。朗上座雖應其機，回答也很奇
特，卻缺乏善巧方便，沒有拏雲攫霧的手段，所以雪竇感歎
他只是獨眼龍。
　　「牙爪開，生雲雷，逆水之波經幾回。」雪竇看到朗上座
黏皮著骨的情形，心生悲憫，遂頌踏倒茶爐的機用說，朗上
座與明招用的都是死句，若想見到他的活處，且好好看取雪
竇踏倒茶爐的手段！

　　此詩用運斤成風的意象入詩，感歎禪者於機鋒應對之時，死在句下，不能全機大用，宛如獨眼龍。作者設想如果能夠踏倒茶爐，呈發大機大用，獨眼龍就會變成騰雲駕霧的蛟龍，縱是逆水倒瀾也能沖波直上，游走自如。比喻開悟者氣度的雄闊恣肆，精當貼切而形象可感。詩歌通過來問成風與應非善巧，獨眼龍未呈牙爪、溺於死水，和明眼龍施呈牙爪、沖波逆浪這兩組藝術形象的對比，生動地描繪出黏皮著骨和大用無方兩種應機境界。

　　表現掣電之機的，還有「雲門問僧」公案及頌古。《碧巖錄》第54則：

　　　雲門問僧：「近離甚處？」僧云：「西禪。」門云：
　　「西禪近日有何言句？」僧展兩手，門打一掌。僧云：
　　「某甲話在。」門卻展兩手，僧無語，門便打。

雲門的問話，看似平常，卻疾如閃電。雲門具有大機大用，每走一步都知道對方下一步的落處，既能瞻前又能顧後。而這僧則只知瞻前不解顧後。雪竇頌云：

　　　虎頭虎尾一時收，凜凜威風四百州。
　　　卻問不知何太險，（師云：放過一著。）

「虎頭虎尾一時收，凜凜威風四百州。」兩句讚頌雲門機鋒的

銳利。禪林常說:「據虎頭收虎尾。」意思是在第一句下就能洞明宗旨。雪竇格外讚賞雲門既能據虎頭又能收虎尾:其僧攤開雙手,雲門便打,是「據虎頭」;雲門攤開雙手,其僧無語,雲門又打,是「收虎尾」。頭尾齊收,手眼疾如流星,整個乾坤宇宙都感受到他的威風颯颯。

「卻問不知何太險」,雪竇說其僧再問之時,不知道會有多麼危險!危險到什麼程度?雪竇沒有繼續頌出,卻陡地勒住說「放過一著」。暗示如果不放過,盡大地人都得吃棒。

此詩吟詠雲門掣電之機,當機立斷,間不容髮。詩中熱烈地讚歎了雲門迅雷奔霆的大機大用。詩的第四句缺席,而輔以機語,與歌詠長沙遊山公案一樣,表現了作者神妙地運用詩歌格律而又不為之所羈束的灑脫風致,這本身也是一種活潑圓轉的機用。

表現掣電之機的,還有「獨坐大雄峰」公案及頌古。《碧巖錄》第26則:

> 僧問百丈:「如何是奇特事?」丈云:「獨坐大雄峰。」僧禮拜,丈便打。

其僧問什麼是「奇特事」,即通過禪修所獲得的奇妙靈驗境界,百丈答「獨坐大雄峰」,學人聽了當即禮拜,可謂以機投機,以意遣意。百丈頂門具眼,當即便打。一答一打,一放一收。放時灑脫自如,收來掃蹤滅跡。雪竇頌云:

祖域交馳天馬駒，化門舒捲不同途。

電光石火存機變，堪笑人來捋虎鬚。

「祖域交馳天馬駒，化門舒捲不同途。」天馬駒日行千里，縱橫馳騁，奔驟如飛。雪竇讚揚百丈於祖域之中，東馳西驟，自由自在，深得馬祖「踏殺天下人」的大機大用。馬祖捲舒自如，有時舒不在舒處，有時捲不在捲處，雪竇讚百丈有如此機用，與馬祖同途不同轍，既得了馬祖的真傳，又別出手眼，並沒有亦步亦趨地進行仿效。

「電光石火存機變」，頌這僧如擊石火似閃電光，很有機變，聽了百丈的答語後立即禮拜。參禪者必須識機變，才能在法戰時有轉身一路，否則被人驅使，難以自作主宰。「堪笑人來捋虎鬚」，讚百丈似一隻帶翅猛虎，機變更在這僧之上，可笑這僧來捋虎鬚，終難逃百丈的一咬，可謂魔高一尺，道高一丈。莫道夜行早，更有早行人。

此詩讚美百丈禪機駿發，採用了烘托、對比的手法。先是借馬祖來烘托，說百丈得其真傳並將其機用發揚光大；然後將學人與百丈的機用進行對比，說學人機用雖疾，而百丈更疾於學人。詩以議論為主，使用「天馬駒」、「電光石火」、「捋虎鬚」等喻象，於抑揚軒輊之中，帶情韻以行，增強了迴環唱歎的藝術效果。

禪宗對機，如果雙方都是高人，心心相印之時，即可機鋒互換，成為對機的極境。表達互換機鋒的，有「慧寂慧然」

公案及頌古。《碧巖錄》第68則：

> 仰山問三聖：「汝名什麼？」聖云：「惠（慧）寂。」
> 仰山云：「惠（慧）寂是我。」聖云：「我名惠（慧）
> 然。」仰山呵呵大笑。

三聖慧然是臨濟下尊宿，年輕時即嶄露頭角，名聞諸方。仰山慧寂見到三聖時，故意問他名叫什麼，勘驗三聖悟境到底如何。三聖知道仰山的言外之意，回答說叫慧寂，果然不同凡響。這種回答就是參活句不參死句。「雙收」之後，便是「雙放」。本則公案的主旨是自他不二，在表達自他不二的禪悟體驗時，禪機活潑躍動，因此頌古著重吟詠公案機鋒的本身。雪竇頌云：

> 雙收雙放若為宗，騎虎由來要絕功。
> 笑罷不知何處去，只應千古動悲風。

「雙收雙放若為宗」，放、收互為賓主。仰山問三聖叫什麼，三聖回答說叫慧寂。仰山本來想收三聖，三聖卻反過來要收仰山，這是「雙收」；仰山聽了三聖的話，說慧寂是我，這是放行。三聖說我叫慧然，也是放行，這是「雙放」，其實是互換機鋒，收則一齊收，放則一齊放。雪竇讚歎兩人能夠雙放雙收，互換機鋒。雖然只有慧寂慧然四個字，卻能出沒捲舒，

縱橫自在，雙放雙收，皆可以作為宗要。雙收之時，人境俱奪，自他不分，「我」本無名，三聖即慧寂；雙放之時，人境俱不奪，自他歷然分明，故「惠寂是我（仰山）」，「我（三聖）名惠然」。雙放雙收，在於破除一切假立的名相而顯現本體的真實，並非任意妄用諸名之稱呼。「騎虎由來要絕功」，作者讚歎兩人既然有如此絕頂功夫，最上機要，要騎便騎，要下便下，既能據虎頭，也能收虎尾。

「笑罷不知何處去」，仰山呵呵大笑，一笑之中，有權有實，有照有用。八面玲瓏，靈活運用，自由自在。這一笑，千古萬古，清風凜凜。但儘管如此，雪竇卻說：「只應千古動悲風」，這是因為天下所有的人都不知他的旨趣是什麼。

此詩以「雙收雙放」四字斷定一則公案，頗見作者的透徹眼力。以「若為宗」（怎樣才能將它作為宗要，怎樣才能得到它的精髓）表達唱歎之致，情思裊裊。次句以騎虎絕功補足文意，表達了對「慧寂」、「慧然」超絕功力的由衷欽佩。三四句文意陡轉，引發起讀者的大疑，說仰山大笑的意旨，讓人難以窺見，以至千古之下悲風凜凜。參禪必須發起疑團，徹悟必須透過疑團。小疑小悟，大疑大悟。雪竇頌古生發疑團的機法，頗得禪宗對機的秘旨，把讀者的思緒引向了深邃幽遠、意路斷絕的情境。

表達互換機鋒的，還有「烏臼問僧」公案及頌古。《碧巖錄》第75則：

　　　僧從定州和尚會裡，來到烏臼，烏臼問：「定州
法道何似這裡？」僧云：「不別。」臼云：「若不別，
更轉彼中去。」便打。僧云：「棒頭有眼，不得草草
打人。」臼云：「今日打著一個也。」又打三下。僧便
出去。臼云：「屈棒元來有人吃在。」僧轉身云：「爭
奈杓柄在和尚手裡。」臼云：「汝若要，山僧回與汝。」
僧近前奪臼手中棒，打臼三下。臼云：「屈棒屈棒。」
僧云：「有人吃在。」臼云：「草草打著個漢。」僧便
禮拜。臼云：「和尚卻恁麼去也？」僧大笑而出。臼
云：「消得恁麼，消得恁麼。」

本則公案顯示了賓主雙方自在無礙的機境。烏臼問來僧定州
和尚說什麼法，僧說「不別」，仍有一個「不別」的意念存在，
因此烏臼舉棒便打。僧說自己是明眼之人，不能受棒。烏臼
說自己正好打準了：既然你說自己是得道之人，就還有得道
的意念存在，如今就要將這得道的意念打掉，於是又打三下。
僧人走出，表示「放過」，是明眼人的作略——烏臼以為學人
落在開悟、得道等概念裡，學人已知烏臼是明眼祖師，若再
糾纏，就恰被烏臼言中，所以走了出去，恰得其時，兩人都
是活潑潑的宗師，能分緇素別休咎。但烏臼要繼續勘驗他的
見地如何，便下語相鉤。其僧轉身吐氣，輕輕一轉說怎奈棒
柄在和尚手裡。烏臼敢向猛虎口裡橫身，遂將棒遞給對方。
其僧毫不猶疑地奪棒，連打烏臼三下。本來烏臼是主，來僧

是客。現在來僧是主，烏臼成賓。烏臼挨了棒，遂說屈棒。
來僧說你既然說屈棒，就有落處，有落處就該吃棒。烏臼說：
「草草打著個漢。」——今天碰上了個漢子，打中了明眼人。
來僧聽了，立即禮拜，表面上在恭維烏臼是個能打中明眼人
的大師，實際上是想鑽他的破綻。烏臼如果端坐受禮，即被
來僧折挫。烏臼有轉身之處，稱這僧為「和尚」（在當時是非
常尊貴的稱呼），意謂我能識破你的機鋒，現在杓柄還在你手
裡，你卻向我禮拜，我當然清楚你的用意。來僧聽了，遂大
笑而出，在烏臼的讚歎聲中圓了這則公案。兩人互換機用，
都斷絕情塵意想，表示了無礙的機境。雪竇頌云：

　　呼即易，遣即難，互換機鋒仔細看。
　　劫石固來猶可壞，滄溟深處立須乾。
　　烏臼老，烏臼老，幾何般，
　　與他杓柄太無端。

「呼即易，遣即難」，呼蛇易，遣蛇難，如同把棒子交給對方，
要再奪回棒子就很困難，必須具有本分宗師的手眼才能遣走
他。烏臼是宗師，有呼蛇的眼目，也有遣蛇的手段：「定州法
道何似這裡」是呼他；舉棒便打是遣他。「互換機鋒仔細看」，
來僧非等閒之輩，說「棒頭有眼，不得草草打人」，是呼蛇；
近前奪棒也打三下，是遣蛇。來僧大笑而出，烏臼說應該這
樣，遣得恰到好處。本則公案中，其僧走出之前是雙收，此

後是雙放。兩人機鋒互換，一來一往，打成一片，始終賓主分明，有時主作賓，有時賓作主，惹得雪竇讚歎不已。

「劫石固來猶可壞，滄溟深處立須乾。」雪竇用誇張的筆法讚歎兩人機鋒的偉大。劫石雖然堅固，歷經無量劫，還是可以被天人以三銖衣袖拂拭而消蝕，而烏臼和來僧的機鋒卻千古萬古沒有窮盡。即使是洪波浩渺白浪滔天的滄溟，若教他們向內一喝，也會立刻乾涸！

「烏臼老，烏臼老，幾何般，與他杓柄太無端。」兩句似是責怪烏臼隨便將杓柄付與別人，這樣做太輕率、太不對、太無端了。因為這根拄杖子，與人抽釘拔楔，解黏去縛，怎麼能把它輕易給人？一般情況下，拄杖子當然不輕易交付他人。但烏臼道眼通明，看準了對方，大膽地把杓柄交給他，才演出了這場千古絕唱。雪竇這句表面上看起來是批評，骨子裡則是進一步讚歎：烏臼老和定州僧真是一代精英，是膽識過人大智大勇的傑出高僧。

此詩先以呼易遣難、互換機鋒斷定一則公案，引導讀者「仔細看」；再以劫石可壞、滄溟可乾的誇張手法，寫兩人機鋒的無窮無盡；復以似抑實揚的筆法，對烏臼的智勇作了讚賞。此詩聲情併茂，在其中我們不但可以領會、欣賞公案的精髓，看到烏臼和定州僧的超妙機鋒，還可以聽到作者飽蘸激情的讚歎吟詠，拊掌叫絕的神情風貌，是一首情韻豐贍、機趣灑轉的佳作。

顯示機鋒相酬的，還有「末後句」公案及頌古。《碧巖錄》

第51則：

　　　雪峰住在庵時，有兩僧來禮拜，峰見來，以手托庵門，放身出云：「是什麼？」僧亦云：「是什麼？」峰低頭歸庵。僧後到岩頭，頭問：「什麼處來？」僧云：「嶺南來。」頭云：「曾到雪峰麼？」僧云：「曾到。」頭云：「有何言句？」僧舉前話，頭云：「他道什麼？」僧云：「他無語低頭歸庵。」頭云：「噫，我當初悔不向他道末後句，若向伊道，天下人不奈雪老何。」僧至夏末，再舉前話請益。頭云：「何不早問？」僧云：「未敢容易。」頭云：「雪峰雖與我同條生，不與我同條死。要識末句後，只這是。」

雪峰以「是什麼」為二僧說法，二僧不悟，見解平庸，根機遲鈍，還得勞煩雪峰與岩頭一問一答，一擒一縱，以至於直到現在仍罕有人知曉本則公案窮微至幽之處究竟在哪裡。雪竇頌云：

　　　末後句，為君說，明暗雙雙底時節。
　　　同條生也共相知，不同條死還殊絕。
　　　還殊絕，黃頭碧眼須甄別。
　　　南北東西歸去來，夜深同看千岩雪。

「末後句,為君說,明暗雙雙底時節。」雪竇頌此末後句,既是替人指出一條線索,也是替人將它破除。「明暗雙雙」出自保福與羅山的問答:「師(保福)問羅山:『岩頭道與麼與麼,不與麼不與麼,意作麼生?』山召師,師應諾。山曰:『雙明亦雙暗。』師禮謝,三日後卻問:『……如何是雙明亦雙暗?』山曰:『同生亦同死。』」(《五燈會元》卷7〈從展〉)羅山門下有僧以此問招慶,招慶說:「彼此皆知。何故?我若東勝身洲道一句,西瞿那尼洲也知;天上道一句,人間也知。心心相知,眼眼相照。」(《碧巖錄》本則引)

「同條生也共相知,不同條死還殊絕。」雪竇意為,同條生還算容易,至於不同條死的話,那差異就大了。萬松評道:「雪竇、佛果以『雙明雙暗』頌此話,非飽參者不知。」(《從容錄》第50則)「還殊絕,黃頭碧眼須甄別。」兩句承上文意,說不同條死差異之大,即使連佛陀、達摩也摸索不著。

「南北東西歸去來,夜深同看千岩雪。」雪竇於言語不及之處,描繪出一幅純明澄澈的現量境,象徵學人經由了南北東西的流浪後,回歸於精神故里,獲得千差萬別悉消融的般若直觀。境界高華澄澈,闊大雄遠。

激賞大機大用

激賞大機大用的,有「好雪片片」公案及頌古。《碧巖錄》第42則:

　　龐居士辭藥山，山命十人禪客，相送至門首。居士指空中雪云：「好雪片片，不落別處。」時有全禪客云：「落在什麼處？」士打一掌。全云：「居士也不得草草。」士云：「汝怎麼稱禪客，閻老子未放汝在。」全云：「居士作麼生？」士又打一掌，云：「眼見如盲，口說如啞。」雪竇別云：「初問處但握雪團便打。」

「好雪片片，不落別處」，意在讚賞眼前飛雪片片飄落的自然風光，全禪客誤以為在追問雪片落處，不知領受當前風光，而以計度妄想橫生枝節，故居士打他一掌，以粉碎其謬妄。全禪客仍執迷不悟，故連遭掌擊。「好雪片片」在眼前飄落，脫體現成，只須盡情領受天地澄明風光即可，不可有任何思量計度。全禪客墜入落於何處的妄想，對此「好雪片片」視而不見，「眼見如盲」；不能下得心領神會的一言半語，「口說如啞」。雪竇頌云：

　　　雪團打，雪團打，龐老機關沒可把。
　　　天上人間不自知，眼裡耳裡絕瀟灑。
　　　瀟灑絕，碧眼胡僧難辨別。

「雪團打，雪團打，龐老機關沒可把。」雪竇在談到本則公案時說：「當全禪客開口要問的時候，握起一團雪來便打過去。」

並對自己這個想法頗為自得，反覆詠歎。雪竇意為當時若握起雪團打過去，龐居士縱使有再厲害的機用也很難使得出來。

「天上人間不自知，眼裡耳裡絕瀟灑。」眼裡也是雪，耳裡也是雪，便是「一色邊事」，也叫「打成一片」。雪竇到這裡已經頌得極為明白，然後機鋒一轉說：「瀟灑絕，碧眼胡僧難辨別。」說龐居士的作略，瀟灑之至，連達摩祖師這位碧眼胡僧也難以辨別。

此詩於公案外別出一境，從「雪團打」的懸想生發開去，設想龐居士遭到雪團打時的窘態，懸想雪團打的瀟脫豪放意致，並設想對此機境連達摩祖師也難以應對。通過重複短句的疊用，增強了迴環唱歎的藝術效果，充分表達了對大機大用的期盼。

激賞大機大用的，還有「塵中塵」公案及頌古。《碧巖錄》第81則：

> 僧問藥山：「平田淺草，塵鹿成群，如何射得塵中塵？」山云：「看箭。」僧放身便倒。山云：「侍者，拖出這死漢。」僧便走。山云：「弄泥團漢有什麼限？」雪竇拈云：「三步雖活，五步須死。」

打獵時容易射到鹿和塵，唯有塵中塵是群鹿之王，最難射中。鹿王在巖石上將牠的角磨得銳利無比，以保護群鹿，即便是猛虎也不敢靠近。學人借此事來勘驗藥山，想探看藥山的答

話是否具有迅疾機鋒。藥山說：「看箭。」機如掣電。學人聽了便裝作塵鹿，放身倒地，倒也像個行家，設下圈套要陷藥山。藥山進一步緊逼，讓侍者拖他出去。那僧聽了起身便跑。這樣做也對，但畢竟黏手黏腳不夠灑脫。所以藥山惋惜：「只會玩捏泥巴遊戲的裝模作樣的傢伙，有什麼真正的手段！」雪竇感歎學人三步外不能活轉過來，當時若跳出五步外，普天之下便誰也奈何不了他。其僧不能始終相續，有頭無尾，遭到了藥山、雪竇的批評。雪竇頌云：

　　塵中塵，君看取。
　　下一箭，走三步。
　　五步若活，成群趁虎。
　　正眼從來付獵人，看箭！

「塵中塵，君看取。」一個真正的禪僧，必須具有塵中塵的眼目，塵中塵的頭角，即使是插翼猛虎戴角大蟲，也要退避全身。這僧當時放身便倒，便自以為是塵中塵了。「下一箭，走三步。」藥山說「看箭」，這僧便倒，山云「侍者，拖出這死漢」，這僧便跑。這樣做也不錯，可惜只跑得了三步。「五步若活，成群趁虎。」雪竇道三步雖活，只怕五步須死。如果跳得出五步外，活轉過來，便成了真正的塵中塵，可以率領群鹿將老虎趕到別的山頭。可惜這僧龍頭蛇尾，五步而死，雪竇便轉而頌藥山有當機轉身的出路說，「正眼從來付獵人」，

讚歎藥山如善射的獵人，爭奈其僧不是塵中塵。雪竇當時大喝一聲：「看箭！」看看誰是真正的塵中塵。

此詩通過對公案情形栩栩如生的再現，以及對「五步若活」機用的構想，表達了作者對大機大用的迫切呼喚。詩的最後，用上堂時的喝語「看箭」作結，戛然而止，將正眼獵人的神采驀地呈現，電光石火，繪聲繪色，令人歎為觀止。

真正的大機大用，是反璞歸真的圓熟機鋒。它看似平易、尋常，實是脫落了鋒芒的至淳至樸的妙境。這類公案主要有「趙州石橋」、「趙州四門」等。《碧巖錄》第52則：

　　僧問趙州：「久嚮趙州石橋，到來只見略彴。」
　　州云：「汝只見略彴，且不見石橋。」僧云：「如何是
　　石橋？」州云：「渡驢渡馬。」

趙州以石橋比擬菩薩的慈悲心。菩薩以身體輪迴於六道，勤於「下座行」（走下佛的高坐），如同石橋默默地以身體承受驢馬的踐踏。趙州的答語看來像平常鬥機鋒一樣，卻很難湊泊。趙州很喜歡運用這類看似平易的機鋒，從不傷鋒犯手。雪竇頌云：

　　孤危不立道方高，入海還須釣巨鰲。
　　堪笑同時灌溪老，解云劈箭亦徒勞。

「孤危不立道方高，入海還須釣巨鰲。」趙州尋常為人處，從來不標榜玄妙、奇特。雪竇認為，壁立萬仞，固然能顯出佛法奇特靈驗，孤危峭峻，卻不如不立孤危。有一類大師只需運用平常的作略，自然得心應手，不立而自立，不高而自高。超越奇特，才是真正的奇特，才能深入般若智海，釣到大根大器之人。具眼宗師平常開示一言半句，運用看似平易的機鋒，不釣蝦、蜆、螺、蚌般小根鈍器之人。趙州就是這樣的大師。

「堪笑同時灌溪老，解云劈箭亦徒勞。」有僧問灌溪禪師：「久嚮灌溪，及乎到來，只見個漚麻池。」溪云：「汝只見漚麻池，且不見灌溪。」僧云：「如何是灌溪？」溪云：「劈箭急！」（《五燈會元》卷11〈志閑〉）灌溪的湍流比箭還要急，如此回答帶有何等險峻的意味，但比起趙州的寬宏氣宇，其機鋒顯然尚未成熟。刻意立孤危，雖然也沒有錯，畢竟顯得費力，比不上趙州所舉的都是平常所用的言句。

此詩精當地概括了趙州接機的風格：不立孤危，而禪機高妙，決非小根小智者所能湊泊。趙州正是神妙地運用這種機鋒，入海釣巨鰲，培養了很多禪宗大師。三四句引用灌溪接機的陡峭險峻風格來襯托趙州的雍容嫻雅，使人感受到口唇放光之趙州古佛的風致。

「趙州四門」公案及頌古同樣表現了趙州不立孤危道方高的風格。《碧巖錄》第9則：

　　舉僧問趙州：「如何是趙州？」州云：「東門西門
南門北門。」

本則公案中，學人的問話叫驗主問，也叫探拔問，問得相當
奇特，如果不是趙州，就很難應付。到了這個境界，實在奇
特。黃龍慧南拈道：「侍者只知報客，不知身在帝鄉。趙州入
草求人，不覺渾身泥水。」（《黃龍錄續補》）這與趙州四門的
精髓無異。要參透本則公案實在不易，所以雪竇拈頌出來，
當面示人。雪竇頌云：

　　句裡呈機劈面來，爍迦羅眼絕纖埃。
　　東西南北門相對，無限輪錘擊不開。

「句裡呈機劈面來，爍迦羅眼絕纖埃。」趙州的機鋒就像金剛
王寶劍，稍一佇思就立即截斷了你的頭顱。這僧敢於捋虎鬚，
提出一問，其實句裡帶著機鋒。「句裡呈機」，含有兩層意思，
既像在問人，又像在問境。趙州不移易一絲毫，便向他道「東
門西門南門北門」，猶如「爍迦羅眼」，了無塵埃，箭鋒相拄
地應對來問，有機有境，詞鋒一轉就照破對方的心膽。「爍迦
羅眼」即金剛眼，可以千里之外明見秋毫，洞察邪正，辨識
得失。

　　「東西南北門相對，無限輪錘擊不開。」雪竇在詩的後部
分，陡地翻轉，橫亙出一道難關，以四方八面都是敞開著的

門，表示真空無相、了無一物的禪悟境涯（《一日一禪》第47
頁）。「他的本意是說他的禪風，是超越空間的。四門併舉，
表示不拘於一定的空間。問人答地，表示能所一如的絕待。
在五度空間的前提下，當然也包括了時間的超越性。」（《中國
禪宗大全》第1044頁）對此，無限輪錘也擊不開，這是「頌
趙州禪一切處不離本分，但一切都是趙州自家的，卻關鎖嚴
緊，不露消息，不許常人藉口『平常心是道』，任其亂統胡
為。」❶

　　此詩描摹出賓主法戰激如流星、箭鋒相拄的禪機，寫出
了趙州心如明鏡、應物無礙的機用。並以東西南北門門相對，
描摹出趙州禪一切現成的特徵，以「無限輪錘擊不開」比喻
悖離了一切現成的學人，無論如何也進入不了趙州禪的大門。

批評機鋒遲鈍

　　箭鋒猶落鈍根機。對鈍根機的惋歎，有「如來二種語」
公案及頌古。《碧巖錄》第95則：

　　　　長慶有時云：「寧說阿羅漢有三毒，不說如來有
　　二種語。不道如來無語，只是無二種語。」保福云：
　　「作麼生是如來語？」慶云：「聾人爭得聞。」保福云：
　　「情知爾向第二頭道。」慶云：「作麼生是如來語？」

❶　乃光，〈漫談趙州禪〉，《禪學論文集》第2冊第225～226頁。

保福云：「吃茶去。」

阿羅漢能斷九九八十一品煩惱，諸漏已盡，梵行已立。三毒即是貪瞋癡。對於阿羅漢來說，所有煩惱都已斷盡，當然也不會有三毒。但長慶卻說：「寧說阿羅漢有三毒，不說如來有二種語。」旨在顯示如來無不實語。《法華經·方便品》云：「唯此一事實，餘二則非真。」又云：「唯有一乘法，無二亦無三。」世尊三百餘會，觀機逗教，應病與藥，千般說法，畢竟無二種語。《維摩經·佛國品》也說：「佛以一音演說法，眾生隨類各得解。」如果聽聞如來的說法認為如來有二種語，那是由於自己的悟性還欠缺的緣故。雪竇頌云：

　　頭兮第一第二，臥龍不鑑死水。
　　無處有月波澄，有處無風浪起。
　　棱禪客，棱禪客，三月禹門遭點額。

「頭兮第一第二，臥龍不鑑死水。」雪竇感歎說，只管理會第一第二，正是死水裡作活計。雪竇在頌古百則中曾反覆強調：「澄潭不許蒼龍蟠」，「臥龍長怖碧潭清」，死水裡沒有龍藏，只有洪波浩渺白浪滔天處，方有蛟龍潛藏。

「無處有月波澄，有處無風浪起。」無龍處有月波澄，風恬浪靜；有龍處無風起浪，勢欲滔天。保福說「吃茶去」，正是無風掀起滔天浪。雪竇頌到這裡，一時將人的情解蕩除無

餘，意猶未盡，別具隻眼地說，「棱禪客，棱禪客，三月禹門
遭點額」，意謂長慶雖是透龍門的龍，卻被保福驀頭一點。

　　此詩通過臥龍、死水、洪波、璧月、禹門跳浪、鯉魚點
額等一系列喻象，生動地表達了對黏著名相、落於鈍機者的
批評，指出參禪者不可溺於死水，點額曝腮，而要向活水巨
浪中去，騰雲挈霧，方能顯發大機大用。

　　惋歎鈍根機的，還有「睦州問僧」公案及頌古。《碧巖錄》
第10則：

　　　舉睦州問僧：「近離甚處？」僧便喝。州云：「老
　　僧被汝一喝。」僧又喝。州云：「三喝四喝後作麼生？」
　　僧無語，州便打云：「這掠虛頭漢。」

本則公案中，學人應聲而喝，喝中自有深意，頗具機用，可
惜龍頭蛇尾。睦州被喝，不慌不忙，緩緩地對他說：「老僧被
你一喝。」一方面許可他，一方面又在勘驗他。這僧又喝，乍
看之下像是懂了，其實只是裝模作樣。驗人端的處，下口便
知音。睦州看得清清楚楚，遂問三喝四喝後又怎麼樣，其僧
果然應答不出，遭到了睦州的喝斥。雪竇頌云：

　　　兩喝與三喝，作者知機變。
　　　若謂騎虎頭，二俱成瞎漢。
　　　誰瞎漢？拈來天下與人看。

「兩喝與三喝，作者知機變。」雪竇具有勘驗龍蛇的眼光，說若非大機大用的宗師，只會胡喝亂喝，只有大機用的禪師才知道隨機應變。那僧雖被睦州收伏，卻很懂得隨機應變。

「若謂騎虎頭，二俱成瞎漢。」要騎虎頭，絕非易事。雪竇說，如果以為一直喝下去就是騎虎頭的話，那麼「二俱成瞎漢」。圓悟指出，雪竇的話似倚天長劍，凜凜神威。如果領會雪竇之意，自然千處萬處一時明白，也可以看出雪竇後面的頌詞只是在為上文作註腳而已。

「誰瞎漢？」雪竇再一次詢問誰是瞎漢，大有深意：到底是賓家瞎還是主家瞎，還是賓主一時瞎？「拈來天下與人看」，雪竇沒有點明，讓天下人自己去「看」，這是其機用活脫之處。

禪門的大喝，是表現峻厲機鋒的形式之一。特別是臨濟喝，聞名禪林。千變萬化，不可端倪。禪林學習、模仿臨濟大喝，蔚成風氣。但必須是明眼之人，才能得其精髓，否則就會流於形式的模仿，而喪失禪的慧命。本則公案中，學人應聲而喝，不能作主，被睦州挫敗。雪竇在詩中，用明察秋毫的慧眼，評鑑學人的兩喝與三喝，既肯定了其喝的合理成分，又批評其不能始終相續，畫虎不成反類犬。這對於矯正禪林的浮淺風氣，頗有針砭之效。

「大光野狐精」公案，也表現了禪宗對模擬沿襲、不能自作主宰的盲禪之批評。《碧巖錄》第93則：

　　僧問大光：「長慶道因齋慶讚，意旨如何？」大

> 光作舞，僧禮拜。光云：「見個什麼便禮拜？」僧作
> 舞。光云：「這野狐精。」

本則實承自金牛作舞公案。金牛每至正午食時，自將飯桶於
僧堂前作舞，後有一僧以此叩問長慶，長慶讚歎金牛的作為。
本則公案中，學人舉金牛作舞之事向大光詢問長慶的意旨，
大光也像金牛那樣作舞，學人禮拜，大光呵責其禮拜，學人
也模仿起大光作舞。雖同是作舞，但實有見地高低法眼明暗
的不同。大光之舞自悟性中流出，僧人之舞從模擬中生成，
兩者實有霄壤之別。魚目不可混珠，否則禪旨的領悟與機鋒
的切磋，容易流於缺乏實悟的優孟衣冠，因此大光予以喝斥。
雪竇頌云：

> 前箭猶輕後箭深，誰云黃葉是黃金？
> 曹溪波浪如相似，無限平人被陸沉。

「前箭猶輕後箭深」，意指大光作舞是「前箭」，復云「這野
狐精」是「後箭」。「誰云黃葉是黃金」，禪門接機時的各種方
便，只不過是用來止啼的黃葉，等到啼哭停止，就會發現黃
葉並不是真金。佛陀說一代時教，也只是止啼之說。大光喝
斥「這野狐精」，就是為了粉碎學人的情識，其中自有權實照
用。「曹溪波浪如相似，無限平人被陸沉。」雪竇敏銳地指出，
如果四方八面的學者，只管如此陳陳相因地作舞，則禪的慧

命，將掃地而盡。

　　此詩對缺乏實證的橫仿沿襲風氣進行了辛辣的批評。禪的慧命在於創新，一空依傍。扶籬摸壁、優孟衣冠，只能導致禪悟慧命的喪失。

　　對鈍根之機的惋歎痛惜，還有「西院二錯」公案及頌古。《碧巖錄》第98則：

　　　　天平和尚行腳時參西院，常云：「莫道會佛法，覓個舉話人也無。」一日西院遙見，召云：「從漪。」平舉頭。西院云：「錯。」平行三兩步。西院又云：「錯。」平近前。西院云：「適來這兩錯，是西院錯，是上座錯？」平云：「從漪錯。」西院云：「錯。」平休去。西院云：「且在這裡過夏，待共上座商量這兩錯。」平當時便行。後住院，謂眾云：「我當初行腳時，被業風吹到思明長老處，連下兩錯，更留我過夏，待共我商量。我不道恁麼時錯，我發足向南方去時，早知道錯了也。」

天平曾到諸方遊學，參得些蘿蔔頭禪在肚皮裡，卻到處口出狂言，說自己會禪會道，輕薄狂妄。殊不知諸佛未出世，祖師未西來，未有問答未有公案已前，哪裡有什麼禪道。西院有意粉碎他的狂妄，便召喚他一聲。天平應聲舉頭時，早是落二落三。西院說「錯」，天平仍未領悟，還以為自己肚皮裡

有禪，又前行三兩步。西院又說「錯」，天平依舊稀里糊塗，前不著村後不著店。及至後來天平聽了西院的話，拂袖便行，更是落七落八。雪竇頌云：

> 禪家流，愛輕薄，滿肚參來用不著。
> 堪悲堪笑天平老，卻謂當初悔行腳。
> 錯錯，西院清風頓銷鑠。

「禪家流，愛輕薄，滿肚參來用不著。」天平尋常目視雲霄，輕薄自負，以為自己見多識廣，參訪過許多尊宿，懂得很多禪法道理。等到向洪爐裡烹煉，原來一點也使不著。

「堪悲堪笑天平老，卻謂當初悔行腳。」天平的輕薄，終於在西院處受到了挫折，不但沒有省悟，後來反而悔行腳，殊不知未行腳前已經錯了。「錯錯」，西院連下兩錯，如擊石火，似閃電光，如仗利劍直取人咽喉，使人斷除命根。能向劍刃上行，才能會得這兩錯，才可以見「西院清風頓銷鑠」。

此詩反映了作者對盲禪的批評。法演曾教導學人：「莫學琉璃瓶子禪，輕輕被人觸著便百雜碎。參時須參皮可漏子禪，任是向高峰頂上撲下，亦無傷損。」（《圓悟錄》卷13）天平的禪，僅僅是琉璃瓶子禪，被西院輕輕一擊，便七花八裂。此詩通過對天平的批評，表示了作者參須實參悟須實悟的禪學主張，對矯正禪林浮淺風氣，有積極的意義。

對鈍根機的批評，還有「桐峰大蟲」公案及頌古。《碧巖

錄》第85則：

> 　　僧到桐峰庵主處便問：「這裡忽逢大蟲時，又作
> 麼生？」峰便作虎聲，僧便作怕勢，庵主呵呵大笑。
> 僧云：「這老賊。」庵主云：「爭奈老僧何？」僧休去。
> 雪竇云：「是則是，兩個惡賊，只解掩耳偷鈴。」

本則公案中，雖然兩人的機用也沒有錯，但仍嫌拖泥帶水，
不夠徹底，正如圓悟所批評：「此二老如排百萬軍陣，卻只鬥
掃帚。若論此事，須是殺人不眨眼的手腳。若一向縱而不擒，
一向殺而不活，不免遭人怪笑」，「雪竇道他二人相見皆有放
過處。其僧道：『這裡忽逢大蟲時又作麼生？』峰便作虎聲，
此便是放過處，乃至道：『爭奈老僧何？』此亦是放過處。著
著落在第二機。雪竇道：『要用便用』。」雪竇頌云：

> 　　見之不取，思之千里。
> 　　好個斑斑，爪牙未備。
> 　　君不見，
> 　　大雄山下忽相逢，落落聲光皆振地。
> 　　大丈夫，見也無？
> 　　收虎尾兮捋虎鬚。

「見之不取，思之千里。」雪竇感歎禪者正當禪機險峻處卻不

能顯出大用，等庵主道「爭奈老僧何」的時候，便應與本分草料。當時如果有這等手段，必然能下一轉語。只可惜兩人解放不解收，見之不取，當斷不斷，早已錯過；擬議尋思，更是千里萬里。「好個斑斑，爪牙未備。」雖然兩人的應對也沒有錯，像兩隻大蟲相似，但卻不是威風凜凜百獸膽裂的大蟲，還沒有長成堅固的爪牙，不能哮吼叱吒，搏殺獵物。

「君不見，大雄山下忽相逢，落落聲光皆振地。」雪竇引出百丈與黃檗的大機大用來與本則公案進行對比。說百丈才真正有大蟲似的威猛，聲光落落振大地。相形之下，桐峰與學僧的機用就遜色得多。「大丈夫，見也無？收虎尾兮捋虎鬚。」雪竇指出，要做一空依傍鼻孔遼天的大丈夫，必須有實際的行履，既能捋虎鬚，又能收虎尾，功夫相續不斷。

此詩批評了禪林缺乏真實行履、主家賓家俱瞎的浮淺禪風，表達了作者呼喚腳踏實地、天風海雨般禪風的迫切希望。詩以大蟲形象貫穿終始，或抑或揚，給人以鮮明深刻的感受。

「黃巢後劍」公案及頌古也表達了對鈍根機的批評。《碧巖錄》第66則：

　　岩頭問僧：「什麼處來？」僧云：「西京來。」頭云：「黃巢過後，還收得劍麼？」僧云：「收得。」岩頭引頸近前云：「因。」僧云：「師頭落也。」岩頭呵呵大笑。僧後到雪峰，峰問：「什麼處來？」僧云：「岩頭來。」峰云：「有何言句？」僧舉前話，雪峰打

三十棒趕出。

據傳黃巢撿了一把劍，劍上刻有「天賜黃巢」四個字，他就自號為衝天大將軍而起義，攻陷了長安而登上帝位。岩頭借這個故事，詢問來人是否帶來了人人本具的金剛王寶劍，來僧回答說「收得」，力道未免欠足，雖然得「體」，但未備其「用」。及至後來說「師頭落也」，也只是口頭禪，並無可取，所以岩頭呵呵大笑，這是本公案玄奧幽微難以覷透的地方。岩頭大笑，笑中有毒。其僧後來到了雪峰處，雪峰是岩頭的同參，一聽就知道岩頭的意思，也不與這僧說破，只是打了三十棒趕出院。雪竇頌云：

> 黃巢過後曾收劍，大笑還應作者知。
> 三十山藤且輕恕，得便宜是落便宜。

「黃巢過後曾收劍，大笑還應作者知。」雪竇頌岩頭大笑，說對其中的要義，一般人摸不著邊際。岩頭的笑，必須是方家才能知道。笑中有權有實，有照有用，有殺有活。

「三十山藤且輕恕，得便宜是落便宜。」這僧後來到雪峰處，依舊莽鹵，雪峰便據令而行，打三十棒趕出，還只是輕罰，這僧仍然以為得了便宜，其實是大大地失了便宜。頌古表達了作者對缺乏大機大用、魚目混珠之禪者的批評。

表達對鈍根機惋惜之情的，還有「一鏃破三關」公案及

頌古。《碧巖錄》第56則：

> 良禪客問欽山：「一鏃破三關時如何？」山云：
> 「放出關中主看。」良云：「恁麼則知過必改。」山云：
> 「更待何時。」良云：「好箭，放不著所在。」便出。
> 山云：「且來闍黎。」良回首，山把住云：「一鏃三關
> 即且止，試與欽山發箭看。」良擬議，山打七棒云：
> 「且聽這漢疑三十年。」

良禪客以一箭射破三道關門，比喻一念超越三大阿僧祇劫、一心貫徹三觀、一棒打殺三世諸佛，不經任何階段而直參本來面目。這則公案，開始時一出一入，一擒一縱，電轉星飛，都不落在有無得失裡。其僧是個英靈禪客，提出的問題相當有分量。欽山會者不慌，一聽便知其意，說你射得透三關且不說，試「放出關中主看」，直指自性。良答：「恁麼則知過必改」，也非同凡響。欽山云：「更待何時」，良禪客卻道：「好箭，放不著所在」，拂袖便出。至此雙方都是大家作略。欽山喚云：「且來闍黎」，良禪客果然把持不住而回首，遂落入了欽山的機關中。參究這則公案，胸襟裡必須沒有一些兒是非、道理，超出言句之外，才談得上一鏃破三關。雪竇頌云：

> 與君放出關中主，放箭之徒莫莽鹵。
> 取個眼兮耳必聾，捨個耳兮目雙瞽。

可憐一鏃破三關，的的分明箭後路。

君不見，

玄沙有言兮，大丈夫先天為心祖。

「與君放出關中主，放箭之徒莫莽鹵。」此頌數句，取歸宗頌中語。後來同安聽到這則公案說：「良禪師善發箭，卻不懂得射中靶心。」有僧問：「如何得中的?」同安云：「關中主是什麼人?」僧人回去將此語告訴欽山，欽山說：「良禪師如果知道這樣，就可以免我數落。同安不是好心，也須好好參究始得。」（《五燈會元》卷13〈文邃〉）雪竇道有形無形，盡斬為二段。善於放箭就不會莽鹵。

「取個眼兮耳必聾，捨個耳兮目雙瞽。」對這兩句話必須泯除取捨之念才能透得過去。如果情存取捨，就很難了解它的意思。「可憐一鏃破三關，的的分明箭後路。」若要中的，箭後分明有路。欽山云：「放出關中主看。」以致後來同安品評，都是「箭後路」。「君不見，玄沙有言兮，大丈夫先天為心祖。」參學者如果以此心為祖，參到彌勒下生，也摸不著邊。如果是一位大丈夫，就會知道「心」猶是兒孫，「天地未分」這句話已是落在第二頭了。

公案頌古與禪悟境界

初生孩子，雖然有六識，

眼能見耳能聞，

並不會去分別好惡長短，是非得失。

學道之人要像嬰孩那樣，

眼見色如盲等，耳聞聲似聾，

如癡似無，才是真正的受用處。

　　禪宗境界論揭示明心見性回歸本心時的禪悟體驗與精神境界。《頌古百則》、《碧巖錄》所體現的禪悟境界範式主要有一切現成的現量境、能所俱泯的直覺境、珠光交映的圓融境等。表達、吟詠禪悟境界的公案、頌古，主要有以下幾類：

　　⑴一切現成：盤山三界無法（第37則）、雲門塵塵三昧（第50則）、雲門十五日（第6則）、汝是慧超（第7則）、黃檗噇酒糟漢（第11則）、南泉圓相（第69則）。

　　⑵能所俱泯：急水上打球（第80則）、玄沙三種病人（第88則）、銀碗裡盛雪（第13則）、南泉庭前花（第40則）。

　　⑶圓融互攝：a. 大小圓融：雪峰盡大地（第5則）；b. 一多圓融：青州布衫（第45則）；c. 自他圓融：南山起雲，北山下雨（第83則）；d. 體用圓融：智門蓮花（第21則）、智門般若體用（第90則）；e. 南北圓融：不是心佛物（第28則）；f. 心境圓融：野鴨子（第53則）。

一切現成

　　現量境是原真的、即時呈顯的、未經邏輯理性干預的境界，不可用比量來推測揣度。現量境具有一切現成的禪悟特質，它要求觀照者在觀照對象未受理念涉入時用直覺方式去接受、感應、呈示對象，儘量消除由「我」造成的類分和解說，充分地肯定事物原樣的自足。

　　表達、吟詠現量境的有「盤山三界無法」公案及頌古。

《碧巖錄》第37則：

> 盤山垂語云：「三界無法，何處求心？」

盤山之語，電轉星飛，如果擬議尋思，千佛出世也摸索不著。如果往自己心靈深處去參究，徹骨徹髓地悟透，就會發現盤山的話已是饒舌；如果拖泥帶水在聲色堆裡轉，連做夢都不會夢見盤山。對「三界無法，何處求心」這句話，如果用情識揣度，就會死在句下。雪竇徹悟透達，吟出了下面的詩句：

> 三界無法，何處求心？
> 白雲為蓋，流泉作琴。
> 一曲兩曲無人會，雨過夜塘秋水深。

「三界無法，何處求心」，雪竇的頌詞一似華嚴境界。在華嚴的一真法界中，世間出世間一切諸法，不論淨染，有漏無漏，全是性起，諸佛眾生交徹，淨土穢土融通。一真一切真，鳥啼魚躍，水流花謝，風起雲行，都是毗盧遮那的大機大用。何物不是菩提？何處而非道場？「白雲為蓋，流泉作琴」，化用蘇軾詩意。流泉作琴，意為借流泉作一片廣長舌頭。「一曲兩曲無人會」，感歎涓涓泉聲，竟無人領會。雪竇在詩的末句，呈顯出「雨過夜塘秋水深」的思量不到處的現景。一真法界，性海無風，金波自湧，譜出氣韻高絕的無弦之曲。對這千古

絕唱，只有脫落情塵才能領略得到。

　　此詩首二句以公案成句入詩，接著描繪出一幅幅美麗如畫的清景，使之原真地呈顯，不摻入任何主觀意念的成分。對意路不及一切現成的境界，最好的辦法就是讓其自然原真地呈顯。

　　「雲門塵塵三昧」公案及頌古也是對一切現成之境的典型象徵。《碧巖錄》第50則：

　　　僧問雲門：「如何是塵塵三昧？」門云：「缽裡飯，桶裡水。」

「塵塵」，是六識對象的六塵，指客觀的一事一物。「三昧」是指將心定於一處（或一境）的安定狀態，它是一個人的心境完全與某物渾然一體的境界。「塵塵三昧」，謂華嚴四法界中事事無礙法界。《華嚴經》稱一塵之中現無量刹，進入一微塵的三昧，即表示一切諸法事事無礙。本則公案是拈出《華嚴經·賢首品》「一微塵中入三昧，成就一切微塵定。而彼微塵亦不增，於一普現難思刹」的話頭，名為塵塵三昧，意為雖一微塵也入於事事無礙法界，萬象互融互攝，同時安住於一一法位獨立存在。但若對塵塵三昧只作概念上的理解，就得不到事事無礙的實證。所以雲門直指現境而使人實證。禪之所以為禪，正存在於此（參《禪學講話》第127～128頁）。雪竇頌云：

　　缽裡飯，桶裡水，多口阿師難下嘴。

　　北斗南星位不殊，白浪滔天平地起。

　　擬不擬，止不止，個個無褌長者子。

「缽裡飯，桶裡水，多口阿師難下嘴。」雲門答語，意指在日
常每一件差別事物之中，都有平等三昧的機用發動，此即是
「塵塵三昧」，正如飯盛在缽裡，水盛在桶裡。對此，縱是擅
長口才的雄辯家，想推求玄妙道理，也不容有開口處。

　　雪竇在施行殺人劍後，又使出活人刀頌道：「北斗南星位
不殊，白浪滔天平地起。」北斗星位於北，南極星位於南，各
各安住。世間相常住，一一住法位。宇宙萬有，一一安住於
各自的位置，絕沒有什麼高下之別。然而為什麼會平地掀起
滔天巨浪似地生出各種議論呢？這是人的相對意識在作怪。
雪竇的意圖，在使人觀照般若直觀之境。

　　「擬不擬，止不止，個個無褌長者子。」對此塵塵三昧之
境，不能有分別計量的念頭。如果歇不下計量之心，就像《法
華經》中的那個忘卻自己故鄉，流浪遠方，窮得連褲子都沒
得穿的長者子一樣，棄卻自家無盡藏，沿門持缽效貧兒。

　　此詩設喻奇特，先是以缽裡飯桶裡水的現量境坐斷意識
思量，繼而創造出與缽裡飯桶裡水相侔的北斗南星意象，以
表達一切現成的現量境，再以寒山子詩所描述的《法華經》
無褌長者子意象，形容擬議尋思者，悖離精神家園流浪乞食，
形象生動而富有諧趣。

　　表達把握現量境之禪悟體驗的公案及頌古有「雲門十五日」。《碧巖錄》第6則：

　　　　雲門垂語云：「十五日已前不問汝，十五日已後
　　道將一句來。」自代云：「日日是好日。」

「十五日已前」，是威音王那畔的絕對世界，心物不二，性相一如，萬法歸一，一亦不立，情識不到，不容擬議。「十五日已後」，雖可言說，雲門卻不落言筌地說「日日是好日」。可見十五日以前泯除差別，十五日以後也泯除差別。必須擺脫好日的「好」字，否則仍然是拘執於「好壞」二見。人生多風雨，「日日」難得「好」。只有進入完全放棄辨別心、執著心的清純境界，高興時高興，悲傷時悲傷，而不受其束縛，不被它們所煩惱，才是「日日是好日」。雪竇頌云：

　　　　去卻一，拈得七，上下四維無等匹。
　　　　徐行踏斷流水聲，縱觀寫出飛禽跡。
　　　　草茸茸，煙冪冪，空生巖畔花狼藉。
　　　　彈指堪悲舜若多，
　　　　莫動著，動著三十棒。

對「去卻一，拈得七」，人們常常把它當作算術來思考，認為去了一，就是十五日以前的事，大錯特錯，切不可在言句中

來理解。必須向言語未生之前領悟，如大死之人復活，長短好惡，打成一片，才能覷出「去卻一，拈得七」的真意。

「徐行踏斷流水聲，縱觀寫出飛禽跡。」徐徐行來，浩浩流水聲可以於不經意間踏斷；縱目流覽，無印痕的鳥跡可以於意識中摹寫出。能到這個境界，即使是熱滾滾的鑊湯，熾炎炎的炭火，只要輕輕一吹，就可以讓它熄滅；即使是白鋩鋩的刀山，森戟戟的劍樹，只要大聲一喝，就可以令它摧折。

「草茸茸，煙冪冪，空生岩畔花狼藉。」證悟之後，萬象森羅，風光無限，無一不是自性中物。須菩提岩中宴坐，觀空證性，諸天雨花，落紅滿地，適足證明，空有無礙，性相融通，諸法自在，在空有交徹的美妙世界裡，並沒有虛空之神舜若多的立足之地。「空生」即須菩提。須菩提岩中宴坐，帝釋天雨花讚歎，須菩提問其緣由，帝釋天說：「我推崇尊者善說般若波羅蜜多。」須菩提說：「我對般若，並沒有說一字。」帝釋天說：「尊者無說，我乃無聞。無說無聞，是真般若。」於是天旋地轉，花雨飄落得更多。

「彈指堪悲舜若多。」舜若多是虛空神，以虛空為體，沒有身體的覺、觸，受佛光照射時才顯現身體。雪竇說縱然修行到舜若多神那樣的境界，正好令人彈指悲歎。因為「日日是好日」，生命是如此的美麗，如此的莊嚴，如此的神聖，不容擬議（「動著」），一起心動念，就該吃三十棒！

此詩先以去一拈七截斷人們對「日日是好日」的意識揣度，指出只要摒除情識，一念不生，即是天上天下我獨尊，

上下四維無等匹。由於主體心境絕對澄明，對外物的感應也
分外敏銳，「徐行踏斷流水聲，縱觀寫出飛禽跡」。雪竇又擔
心人們沉溺在枯寂境界裡，隨說隨掃，以「草茸茸，煙幂幂」
的美麗景致將無事境界蓋卻，說縱然身體虛明似舜若多，也
依然沉溺於死水。公案與頌古均表現了雲門、雪竇對把握現
量境的深刻體證。

　　與「一切現成」相聯繫的禪悟體驗是「本來現成」，它是
「一切現成」的基礎。「一切現成」注重對現前一切的感悟，
注重當下。「本來現成」注重向真如本心的回歸，注重本來。
表達「本來現成」禪悟體驗的有「汝是慧超」公案及頌古。
《碧巖錄》第7則：

　　　僧問法眼：「慧超咨和尚，如何是佛？」法眼云：
　　「汝是慧超。」

法眼有啐啄同時機，具啐啄同時用，方能如此接機，超聲越
色，得大自在。雪竇頌云：

　　　江國春風吹不起，鷓鴣啼在深花裡。
　　　三級浪高魚化龍，癡人猶戽夜塘水。

其僧如此問，法眼如此答，便是「江國春風吹不起，鷓鴣啼
在深花裡」。其兩句詩用春天的美麗圖景，來表示省悟的境界，

象徵著全無迷惑、不安、恐懼的開悟世界。

　　「三級浪高魚化龍，癡人猶戽夜塘水。」雪竇後二句，更
是慈悲心切，把不宜點明的意思點明無餘。大禹鑿龍門為三
級，故龍門有三級浪。古代傳說，每年三月三桃花盛開時，
鯉魚游向龍門，能跳過龍門的，頭上生角，於三級浪高中騰
雲駕霧化龍而去；跳不過龍門的，點額曝腮，困頓於死水。
而愚癡漁人，不知魚已化龍而去，以為還在塘裡，連夜戽乾
池塘之水以求魚。雪竇用這組形象，比喻慧超如魚化龍，於
法眼言下大悟；而後世愚鈍禪人，以為佛法證悟在法眼言句
之中，尋言覓理來進行參究，根本不可能得其真諦。

　　此詩前二句以春風鷓鴣的美麗境象來象徵脫落煩惱、一
切現成的悟境，後二句以戽水求魚的新奇喻象來表示咬嚼言
句、胡餅覓汁的謬妄。頌古本身構成了一個完整的藝術境界，
顯示了作者深厚的詩學修養。

　　參禪者認識到本來現成、本來是佛，形成了鼻孔遼天的
精神氣度。表達這類禪悟體驗的有「黃檗噇酒糟漢」、「南泉
圓相」公案及頌古。《碧巖錄》第11則：

　　　　黃檗示眾云：「汝等諸人，盡是噇酒糟漢，恁麼
　　行腳，何處有今日。還知大唐國裡無禪師麼？」時有
　　僧出云：「只如諸方匡徒領眾，又作麼生？」檗云：
　　「不道無禪，只是無師。」

禪宗發展到黃檗所處的中晚唐時代，如火如荼，馬祖道一、百丈懷海、青原行思、石頭希遷等大師們的法嗣遍布中華。而黃檗卻說「無師」，這是因為在他看來宗派乃是人為的區分，各有各的體會。禪到處都有，佛在每個人的心中，主要應靠自己去領會、參悟，僅僅依賴於師家是沒有用的。雪竇頌云：

凜凜孤風不自誇，端居寰海定龍蛇。
大中天子曾輕觸，三度親遭弄爪牙。

「凜凜孤風不自誇，端居寰海定龍蛇。」按照一般人的理解，黃檗說大唐國內無禪師，是自逞自誇。但真正明白了黃檗的意思，就會知道他絕非自誇，而是要喚起禪僧的自信。只有將佛法道理統統捨卻，將玄妙奇特全部放下，自然觸處現成，不誇而自威。這樣的禪者，心如明鏡，是龍是蛇，入門來一驗便知。雪竇讚歎黃檗具有定龍蛇的手眼，有擒虎兒的機用。

「大中天子曾輕觸，三度親遭弄爪牙。」雪竇援引事實來承接上二句，說明黃檗禪風的凌厲迅疾。黃檗接人，向來施以本分鉗錘，臨濟三度問法三度被打，終於大悟，稟承黃檗宗旨，開創了臨濟宗。非但臨濟遭打，縱使是大中天子，也曾多次遭到他的掌擊。大中天子指宣宗。宣宗未即位前因躲避宮廷鬥爭，潛隱在香嚴禪師處剃度做沙彌。黃檗有一次禮佛，大中問：「不著相而求佛，不著相而求法，不著相而求僧，你禮佛是在求什麼？」黃檗飛掌而擊。大中說：「太粗魯了。」

黃檗說：「這是什麼地方，說粗說細？」說著又是一掌。

　　此詩首二句寫出黃檗的機鋒迅疾、氣度威嚴，後二句援引唐宣宗做沙彌時被黃檗一再掌擊的禪門典故，形象地描畫出黃檗無依獨運的精神氣度。這種精神氣度，正得益於對本來現成的自肯自信。

　　表達大悟不存師悟境的，有「南泉圓相」公案及頌古。《碧巖錄》第69則：

　　　　南泉、歸宗、麻谷，同去禮拜忠國師。至中路，
　　南泉於地上，畫一圓相云：「道得即去。」歸宗於圓
　　相中坐，麻谷便作女人拜。泉云：「恁麼則不去也。」
　　歸宗云：「是什麼心行？」

南泉、歸宗、麻谷等三人都是馬祖門下的逸才，有一次他們準備上京去拜訪著名的慧忠國師。南泉畫圓相，象徵自性圓滿，是佛的境地。歸宗舉身便坐，超越相對，非聖非凡。麻谷見了作女人拜，象徵男女同一，無有區分。南泉認為每個人都表現到家，等於已經晉見了國師，沒有再去的必要。雪竇頌云：

　　　　由基箭射猿，繞樹何太直。
　　　　千個與萬個，是誰曾中的？
　　　　相呼相喚歸去來，曹溪路上休登陟。

（復云：「曹溪路坦平，為什麼休登陟？」）

「由基箭射猿，繞樹何太直。」由基姓養名叔，字由基，春秋時楚國人。楚莊王有次出獵，在山中看到一隻白猿，命手下發箭，沒有射中，那隻白猿竟拾起箭來嬉戲，莊王遂命由基來射牠。由基將弓一拉，白猿即抱樹悲啼。發箭之時，白猿繞樹逃避，那枝箭也繞樹旋轉，射殺了白猿。這是絕世的神箭，雪竇卻說「繞樹何太直」，用得妙絕。他們三人殊途同歸，都是「太直」。七縱八橫，不離方寸，百川異流，同歸大海，所以南泉說既是這樣就不必前去。

「千個與萬個，是誰曾中的？」自古以來，參禪求道者不計其數，千千萬萬的人都想射中心猿，求得心國的寧靜，但到底多少人能夠中的？兩句反襯三人對圓相一畫一坐一拜，都表達了超妙的悟境。

「相呼相喚歸去來，曹溪路上休登陟。」頌南泉道「恁麼則不去也」。南泉等人既已悟明心性，滅卻煩惱，再去已是多餘。詩至此本已結束，雪竇又下一語：「曹溪路坦平，為什麼休登陟？」曹溪路絕塵絕跡，淨裸裸赤灑灑，坦蕩砥平，為什麼卻不去登陟？這與本則公案主旨息息相關。三人的作略，旨在將一切相對觀念滅除，這才是養由基射猿的神妙之處。但滅除了相對觀念，得到「曹溪路坦平」的悟境，還須用金剛般若隨說隨掃，將此了悟之心也予以拂除。

此詩從由基射猿的意象加以生發。人心躁動，佛教喻之

為猿猴。射中心猿，即是將相對的妄念滅除，以臻於心國太平之境。對於徹悟之人來說，即便七縱八橫（「繞樹」），亦能頭頭達道（「太直」）。南泉三人就是這樣的悟者。三四兩句宕開一筆，以眾多求道者無由見道反襯三人能夠當下明心見性。五六兩句收圖，說一念心歇即菩提，不必再向外求道。此詩設置了背觸意象「繞樹何太直」，造境精警奇特。頌古以「千個與萬個」的誇張手法襯托南泉三人是鳳毛麟角的徹悟者；以「是誰曾中的」的反詰句式，襯托南泉三人頓悟本心，增強了低徊唱歎的藝術效果。以「相呼相喚歸去來」的複疊回環句式，寫出三人灑灑落落的悟者風致。復以「曹溪路上休登陟」以及著語，勾起懸念，將讀者引向意路不及之境。

能所俱泯

「水月相忘」是禪者審美直覺論的特徵，其根本特徵是能所俱泯。表達這一觀照的範型是天衣義懷法語：「譬如雁過長空，影沉寒水。雁無遺蹤之意，水無留影之心。」（《林間錄》卷上）禪者通過直覺觀照，以體證遍布宇宙的自性，就形成了直覺境。它的關鍵是保持主體心靈的空靈自由，即無住生心。象徵、吟詠無住生心的，有「急水上打球」公案及頌古。《碧巖錄》第80則：

　　僧問趙州：「初生孩子，還具六識也無？」趙州

云：「急水上打球子。」僧復問投子：「急水上打球子，
意旨如何？」子云：「念念不停流。」

初生孩子，雖然有六識，眼能見耳能聞，並不去分別好惡長
短，是非得失。學道之人要像嬰孩那樣，眼見色如盲，耳聞
聲似聾，如癡似兀，才是真正的受用處。在急水中行船，坐
在船上的人有一種錯覺，誤認為水是靜止的。由意識所衍生
的諸法也是如此。趙州的答語跟這些譬喻一樣，急水上打球，
轉眼就流過。那僧又問投子，投子說：「念念不停流。」嬰孩
六識，雖然不起執著作用，卻念念不停地遷流，如急水之駛。
雪竇頌云：

　　六識無功伸一問，作家曾共辨來端。
　　茫茫急水打球子，落處不停誰解看？

「六識無功伸一問，作家曾共辨來端。」修行者到了這種境界，
就跟嬰兒一樣，雖有眼耳鼻舌身意六根，對六塵卻不加分別，
這就是「無功用行」。不過雖然是無功用，卻依舊山是山水是
水。因為趙州、投子都是宗師，故兩人都深明其意。
　　「茫茫急水打球子，落處不停誰解看？」上句頌投子道「念
念不停流」，下句引導讀者仔細觀看：湍急的河水，表面似乎
靜止不動，但是把球子丟在上面，剎那間就流走了，這就是
靜中有動。禪者如魯如愚，像是一潭死水，實際上卻是一湍

急流，這便是「悟了同未悟」的風範神儀，是受過洗鍊的向上境界。對此投子以一念一念流轉不停來表示，念念正念相續，在無心的狀態下，一瞬一瞬都是正念（《一日一禪》第283頁）。

此詩通過對公案情景的生動再現，引導人們對公案自身進行體證。六識無功的境界是淵深莫測的境界，只有宗師才能達到。為了避免讀者受自己評判的干擾，雪竇在詩中以反詰的句式，啟發讀者開啟般若慧眼觀「看」急水浮球的「落處」。

表達、吟詠無住生心的還有「三種病人」公案及頌古。《碧巖錄》第88則：

> 玄沙示眾云：「諸方老宿，盡道接物利生，忽遇三種病人來，作麼生接？患盲者，拈槌豎拂，他又不見；患聾者，語言三昧，他又不聞；患啞者，教伊說，又說不得，且作麼生接？若接此人不得，佛法無靈驗。」僧請益雲門，雲門云：「汝禮拜著。」僧禮拜起，雲門以拄杖挃，僧退後，門云：「汝不是患盲。」復喚近前來，僧近前，門云：「汝不是患聾。」門乃云：「還會麼？」僧云：「不會。」門云：「汝不是患啞。」僧於此有省。

玄沙所說的三種病人並非指肉體上的盲、聾、啞，而是指昧

於真見、真聞、真語之人。諸佛出世旨在教化被無明所障而迷失本心之人，故玄沙說如果接引不了這類人，佛法就沒有靈驗。公案的後半部分，僧用玄沙的話向雲門請益，雲門以直接動作作答，絲毫不給其僧分別思量的機會，促使他當下明白自己本來就是不盲、不聾、不啞之人。迷失的凡夫本來具有真如佛性，由於見聞覺知妄起分別，迷頭認影，沿門乞食，以致於有眼而盲、有耳而聾、有口而啞。公案旨在超越見聞覺知的分別妄想，撥落見塵明見性，蕩除妄心見本心，以契入不可思議、不可言說的實相無相境界。雪竇頌，則翻出新境。頌云：

　　　盲聾喑啞，杳絕機宜。
　　　天上天下，堪笑堪悲。
　　　離婁不辨正色，師曠豈識玄絲。
　　　爭如獨坐虛窗下，葉落花開自有時。

「盲聾喑啞，杳絕機宜。」見與不見，聞與不聞，說與不說，雪竇全都予以破除，使得障蔽本心而形成的盲聾喑啞見解、機宜計較，總用不著，然後才是向上一路的真盲、真聾、真啞，無機無宜。

「天上天下，堪笑堪悲。」堪笑者是啞卻不啞，是聾卻不聾（雖然達到無分別般若智的聾啞，心裡卻歷歷孤明）；堪悲者明明不盲卻盲，明明不聾卻聾（雖然有正常的感覺器官，

卻溺於聲塵色塵而使聞見之性聾盲）。

「離婁不辨正色，師曠豈識玄絲。」離婁乃黃帝時著名的明目者，能在百步外明察秋毫之末，卻不能辨「正色」，不瞎而瞎；師曠是春秋時著名樂師，能辨音以知吉凶，隔山聞蟻鬥，卻不能聆辨「玄絲」，不聾卻聾。正色、玄絲，縱是離婁、師曠也辨識不得。那些囿於分別情識、淪喪天然本真之人，縱然目明如離婁，耳聰如師曠，也無法辨正色、聆玄絲，進行對大道的體證。

雪竇此詩，用反形手法，在理性與悟境間疊起了一道銀山鐵壁，並指出悟者應有的態度：既不作離婁，也不作師曠，「爭如獨坐虛窗下，葉落花開自有時」。到此境界，見似不見，聞似不聞，說似不說，饑餐睏眠，任他葉落花開。葉落時是秋，花開時是春，各各自有時節（圓悟語）。

表達水月相忘禪悟體驗的有「銀碗裡盛雪」公案及頌古。《碧巖錄》第13則：

舉僧問巴陵：「如何是提婆宗？」巴陵云：「銀碗裡盛雪。」

西天迦那提婆尊者，本是外道，與十四祖龍樹菩薩針錐相投，得其真傳，遂成為禪宗十五祖。馬祖云：「凡有言句，是提婆宗。」意指以無礙辯才駁斥對方的議論就是提婆宗。本則公案中，僧問如何是提婆宗，意指巴陵禪風如何，巴陵答「銀碗

裡盛雪」，孤峻峭拔，不透露一點消息，使人擺脫情識妄見。
雪竇頌云：

> 老新開，端的別，解道銀碗裡盛雪。
> 九十六個應自知，不知卻問天邊月。
> 提婆宗，提婆宗，赤幡之下起清風。

「老新開，端的別，解道銀碗裡盛雪。」「新開」即巴陵顯鑑
禪師所住持的新開禪院，這裡用作對巴陵的敬稱。一切語言
皆是佛法，雪竇讚歎巴陵能夠說出「銀碗裡盛雪」的妙句，
答語與諸方確實不同，修行達到了高深的火候。此時，表裡
俱澄澈，是極高的悟境。

　　「九十六個應自知，不知卻問天邊月。」在提婆的時代，
印度有九十六種外道，提婆曾與之一一辯論，並擊敗了他們。
這句詩的意思是九十六種外道在與提婆交鋒時，對銀碗盛雪
的意境應有所體會，否則就難以與提婆辯論，而要去問取天
邊月。

　　「提婆宗，提婆宗，赤幡之下起清風。」古印度法戰的時
候，勝者手持赤幡，輸者反披袈裟從側門出去。提婆在與外
道的法戰中，以無礙辯才折服外道，持赤幡而立，法戰的輸
方站在赤幡之下表示臣服。巴陵說提婆宗是「銀碗裡盛雪」，
雪竇說提婆宗是赤幡之下清風颯颯，意為對巴陵答語如果向
言句上求解會，就會敗立赤幡之下，故圓悟評雪竇此句是「殺

人不用刀」。

　　此詩熱情洋溢地讚頌了巴陵超妙卓異的接機藝術。銀碗
裡盛雪，是水月相忘的直覺觀照。銀碗與雪，互為觀照的主
體，皎潔明麗，表裡澄澈，係意路不及的境界。雪竇接著強
調對巴陵此句應有深切的體悟，而體悟的最佳方式就是問取
天邊月，對自然清景作即物即真的感悟。詩的最後以赤幡之
下清風颯颯，暗示不可對巴陵之語作望文生義式的知性理解。

　　表達水月相忘禪悟觀照的還有「花如夢」公案及頌古。
《碧巖錄》第40則：

　　　陸亙大夫，與南泉語話次，陸云：「肇法師道，
　　天地與我同根，萬物與我一體，也甚奇怪。」南泉指
　　庭前花，召大夫云：「時人見此一株花，如夢相似。」

陸亙是南泉的久參弟子，一天提出「天地與我同根，萬物與
我一體」兩句話，認為很奇特。「天地與我同根，萬物與我一
體」是僧肇《肇論》中的名句。僧肇此語的思想基礎是般若
空觀。依佛教的說法，天地、萬物和我都是因緣所生，緣起
性空，性空緣起。由於其性本空，具有可變性，因而在不同
的條件下有著不同的變化，這也就是宇宙萬有生生不息的原
因。不論物質世界還是精神世界，其性皆空，因此都具有共
同的屬性。然而，對天地同根萬物一體的理性的認知，不等
於真參實證。陸亙的問話，並沒有超出經教的道理。南泉替

他指出要害，以破除他的無明窠窟，指著庭前花對陸亙說：
「當一個人清淨到了極點，整個身心充滿了光明，寂照時涵
蓋整個虛空，再回頭來看這株花，彷彿是夢中所發生的事。」
這句話就像引人走到萬丈的懸崖上，然後把他推下，以斷絕
他的命根。雪竇頌云：

　　　聞見覺知非一一，山河不在鏡中觀。
　　　霜天月落夜將半，誰共澄潭照影寒？

詩意謂映現在我們感官上見聞覺知到的物象，並不是事物自
身的真相；山河大地映在我們眼簾上的姿態，僅是鏡中之影，
而不是山河的原形。人們的見聞覺知，由於受各種現實條件
的限制，所站的立場不同，所得到的觀感也不同。所以僅僅
憑見聞覺知，想體達物的真相，是根本辦不到的，好像站在
不同的角度，觀察到廬山的形象也就大異其趣。要體證如如
不動的本來面目，就不能在「鏡中觀」。但既然「不在鏡中觀」，
到底要在什麼地方觀？這就要求參禪者立在萬籟俱寂的絕塵
之境上，斷滅心機意識的作用，使心靈渣滓盡化如同澄潭，
心境雙泯，能所不立，才能體證到萬物一體的如如，這是揚
棄了感覺而臻於清澄的心境始能體證到的境界。

圓融互攝

　　禪宗受《華嚴經》、華嚴宗四法界、十玄無礙、六相圓融等影響，形成了珠光交映的圓融境。《碧巖錄》中的公案、頌古，關涉到禪宗圓融境的主要有大小圓融、一多圓融、自他圓融、體用圓融、南北圓融、心境圓融等。

(一)大小圓融

　　表達、吟詠大小圓融禪悟體驗的，有「雪峰盡大地」公案及頌古。《碧巖錄》第5則：

> 　　舉雪峰示眾云：「盡大地撮來如粟米粒大，拋向
> 面前，漆桶不會，打鼓普請看。」

本則公案旨在破除大小廣狹等情見偏執，而歸於萬法一心平等之理。對雪峰的這段話，不能用心機意識猜想。不少人以情識求解，說雪峰的意思乃「心是萬法之主，盡大地一時在我手裡」，毫不相干。只有真參實證的人，將得失是非，一起放下，灑灑落落，才能領會雪峰的意旨。雪竇頌云：

> 　　牛頭沒，馬頭回，曹溪鏡裡絕塵埃。
> 　　打鼓看來君不見，百花春至為誰開？

「牛頭沒，馬頭回。」雪竇所呈示給我們的這兩幅景象，到底象徵什麼，頗耐人尋味。見得透的人，讀了這兩句，如早朝吃粥齋時吃飯相似，只是尋常。雪竇當頭一錘擊碎，一句截流，孤峻峭拔，如石火電光，不容湊泊。

「曹溪鏡裡絕塵埃」，雪竇第三句，曲通一線，稍微泄露出一些消息，說盡大地的牛頭（地獄裡牛頭人身的獄卒）回去了，映出粟米粒的馬頭（地獄裡馬頭人身的獄卒）。但是，曹溪六祖的心境本無一物（三界無法），哪有像牛頭、馬頭等塵埃！

「打鼓看來君不見，百花春至為誰開？」雪竇已經通過「牛頭沒，馬頭回」的情景，將公案意旨呈示於人，但人們卻不能領悟（「不見」），雪竇索性打開窗戶，披肝瀝膽，明明白白地提示說「百花春至為誰開」——當春天姍姍到來時，幽谷野澗，乃至於人跡罕至之處，百花競發，芬芳馥郁，到底是為誰而豔，為誰而開？這是「暗示出法的絕對作用」，「呈出千紅萬紫的絢爛的美麗的花，便是天真清淨無垢的法身」（《禪學講話》第136～137頁）。

此詩以「牛頭沒，馬頭回」的鮮明喻象，象徵芸芸眾生漂溺苦海、輪轉識浪的慘狀，以襯托徹見宇宙人生真相之人的澄明與灑脫。徹悟之人心明如鏡，不再受生死輪轉的干擾，沒有漂泊遷流的波動，對外境了了感知，證得了廣狹一如、小大相即的圓融無礙。「打鼓」兩句再度轉折說，雖然雪峰苦口婆心地說「打鼓普請看」，但很多人仍不明白這眼前的事實，

就像百花春天競相開放，對於有眼如盲之人，又有什麼意義？
對於不具備審美眼光的人來說，再美麗的境象也失去其價值。
所以百花春至，只是為那些物我雙泯，能夠融入百花深處的
有心人而開。

(二)一多圓融

　　表達、吟詠一多圓融禪悟體驗的有「萬法歸一」公案及
頌古。《碧巖錄》第45則：

> 僧問趙州：「萬法歸一，一歸何處？」州云：「我
> 在青州，作一領布衫，重七斤。」

「萬法」指森羅萬象，是絕對的本體或真理，即自性。「萬法
歸一」表示各種現象都是宇宙本體所派生，而且會還原為唯
一的本體。萬法歸於一，而一是絕對的存在，所以絕對的一
也會回歸於萬法。圓悟則認為，趙州的答語，是毫無意路的
答話，意在斷滅學人的有無妄想。雪竇頌道：

> 編辟曾挨老古錐，七斤衫重幾人知？
> 如今拋擲西湖裡，下載清風付與誰？

「編辟曾挨老古錐，七斤衫重幾人知？」趙州曾受過嚴格的錘
鍊，出言吐語，自是不同。看似簡單至極的一句話，卻很少

有人能夠知道它的落處。這僧要逼拶趙州，趙州不愧是大師，向轉身不得的地方轉身而出，從容應對。雪竇讚歎雖然是一件簡簡單單的七斤布衫，卻很少有人能知真意。

「如今拋擲西湖裡，下載清風付與誰?」詩意謂萬法歸一，一亦不要，七斤布衫亦不要，一時拋到西湖裡。西湖是現景，在雪竇所住的洞庭翠峰。趙州示眾說：「若從南方來者，即與下載；若從北方來者，即與上載。」(《五燈會元》卷4〈從諗〉)趙州對上載（指悟入佛法的人）說心說性說玄說妙，說種種方便。對下載（指修證透脫的人）便沒有許多道理玄妙。如果有人滿腹存著禪的知見，挑著一擔禪，來到趙州這裡，就會發現一點也用不著，因為趙州會把你的見解剔除得一乾二淨，使你將各種行囊放下，灑灑落落，沒有一星事，證得悟了同未悟的禪心。修行獲得了悟，會經常帶著這種省悟的觀念來生活，不容易將它拋棄，執著於這種悟是常有的事。如果讓學人拋棄了辛苦得來的悟，不啻是要斷他的命根。但真正省悟的世界，必須要放棄這種悟的意念。趙州七斤布衫，如金如玉。對此一切知性的解釋，都是「上載」。下載清風，誰人能夠領受?

此詩通過吟詠青州布衫，表達了斷絕一切思量的禪趣。趙州曾接受過嚴格的錘鍊，機語無近傍處。詩的首二句掃除了所有對趙州示眾的測度，引導讀者對七斤布衫本身進行體證。三四兩句更進一層，說要把萬法歸一、一歸何處乃至於七斤布衫全部拋卻，方可灑灑落落，如清風拂面，將讀者引

向了言語道斷心行處滅的禪悟之境。詩歌通過隨說隨掃的金剛般若，使境界層層提昇。反詰句的運用，增加了迴環唱歎含蓄蘊藉的藝術效果。

㈢自他圓融

表達、吟詠自他圓融禪悟體驗的，有「南山起雲，北山下雨」公案及頌古。《碧巖錄》第83則：

> 雲門示眾云：「古佛與露柱相交，是第幾機？」
> 自代云：「南山起雲，北山下雨。」

雲門見地明白，機用迅疾，大凡垂語、別語、代語，孤峻峭拔。本則公案，如石火電光，神出鬼沒。慶藏主讚歎道：「一大藏教還這般說話麼？」雲門的機語，確是佛教經典上見所未見，絕意識絕情塵。只要一思考推理，便束手束腳。雲門見無人領會，就自己代答說：「南山起雲，北山下雨」，為後學指出一條通路。雪竇頌云：

> 南山雲，北山雨，四七、二三面相睹。
> 新羅國裡曾上堂，大唐國裡未打鼓。
> 苦中樂，樂中苦，誰道黃金如糞土。

「南山雲，北山雨，四七、二三面相睹。」詩意說雲門善於看

風使帆，逗機設教，向刀山劍刃上為人下注腳，直使得西土二十八位祖師，東土六位祖師，一一相睹。這就是「古佛與露柱相交」之機。

「新羅國裡曾上堂，大唐國裡未打鼓。」雪竇剛說出相交之機，又隨說隨掃，說雖然南山起雲北山下雨，但並不是新羅上堂大唐打鼓的惡平等，而是平等中有差別性，這就自然而然地引起了下文。

「苦中樂，樂中苦，誰道黃金如糞土。」苦是苦，樂是樂，苦是樂，樂是苦。南山北山一體，起雲下雨圓融。諸佛諸祖之奧妙世界與現前之事物諸相，彷彿是截然無關的個別法，卻可親切交契、渾然一體而無所分別。西天與東土之祖師，雖然生存的時空各不相干，南山與北山的雲雨，亦無交會互涉的可能；然若自東西互存、南北一體的完整世界來看，則自然可了達其親切相交、一體無別之境界。個體和個體的圓融交攝而互不妨礙的自他不二之境正在這裡。

雪竇的頌古，簡潔明快而精妙絕倫地吟詠了古佛與露柱相交的意趣，用隨說隨掃的金剛般若，將雲門意旨表達得淋漓盡致。萬松指出，「南山起雲，北山下雨」與「觀世音菩薩將錢來買胡餅，放下手原來卻是饅頭」、「盞子落地，碟子成七八片」是同類機鋒，不容「詮註話會」，應該「向詮註不及處詮註，話會不到處話會」，「古佛既與露柱相交，自然南山起雲，北山下雨。蜂採花而成蜜，麝食草而作香。高低嶽瀆共轉根本法輪，大小麟毛普現色身三昧」。

㈣體用圓融

　　表達、吟詠體用圓融禪悟體驗的，有「智門蓮花」公案及頌古。《碧巖錄》第21則：

> 　僧問智門：「蓮花未出水時如何？」智門云：「蓮花。」僧云：「出水後如何？」門云：「荷葉。」

關於本則公案的意旨，主要有兩種看法，一是迷悟說，一是體用說。持體用說者認為：「蓮花未出水之前，所見的應是荷葉，而光祚答為蓮花，甚具深意，因為蓮花雖未出水，但蓮花的性質已完全具備，以後出水成為蓮花，不過是其潛在性質的引發，意在比喻自性妙體未發生作用以前，一切妙用已經存在，以後由體起用，均係自性妙體的作用。蓮花出水後，所看到的應是蓮花，而光祚答以荷葉，荷葉是根本，荷葉是圓的，而禪宗常以○相，代表自性妙體，以比喻蓮花，乃以荷葉為根本，現象界一切變化，仍為此一自性妙體所涵攝。」（《禪門開悟詩二百首》第488頁）兩說之中，以後說較近原意。雪竇頌古則另闢新境，提醒人們不可以情識卜度：

> 　蓮花荷葉報君知，出水何如未出時。
> 　江北江南問王老，一狐疑了一狐疑。

如果說出水與未出水時一樣，就犯了顢頇佛性籠統真如之病；

如果說出水與未出水時是兩樣，又犯了心境未忘墮在知解之病。雪竇是智門的法嗣，能看出智門奧妙處，所以直說「蓮花荷葉報君知，出水何如未出時」。對此必須當下悟入，否則「江北江南問王老」，到處參訪像南泉（南泉俗姓王，自稱王老師）那樣有修為的尊宿，問他們出水與未出水的同異，江南添得兩句，江北添得兩句，一重添一重，依然狐疑不定，心國難以太平。

　　與禪林多以清詞麗句吟詠本則公案不同，此詩專以抽釘拔楔為務，表現了作者對公案的獨特悟解。首二句運用引而不發的疑問句式，將想像、品味的空間留給了讀者；後二句形象地刻劃出參禪者不明心性，四海奔波，疑慮無有歇時的困惑心態。本詩重點在於引導讀者對公案進行體悟品味，採用的仍是說而未說式的運思方式，顯得宛轉搖曳，頗具含蓄雋永之致。

　　「智門般若體用」公案及頌古，也表徵了體用圓融。《碧巖錄》第90則：

　　　僧問智門：「如何是般若體？」門云：「蚌含明月。」
　　　僧云：「如何是般若用？」門云：「兔子懷胎。」

智門的答語，分別運用了古代的兩則傳說。古傳漢江出蚌，到中秋月出，蚌浮於水面，開口含月光，感應而生出明珠。中秋有月則珠多，無月則珠少。智門借用此意來答般若體；

又傳兔子屬陰，中秋月生，兔子開口吞進明月的精華而懷孕，口中產兒。智門借用此意來答般若用。雪竇頌云：

> 一片虛凝絕謂情，人天從此見空生。
> 蚌含玄兔深深意，曾與禪家作戰爭。

「一片虛凝絕謂情，人天從此見空生。」雪竇起句便頌得極好。六根湛然，虛明凝寂，不必外求，自然常光現前，壁立千仞。「絕謂情」指絕去言謂情塵。須菩提岩中宴坐，諸天雨花，是因為他善說般若，如帝釋天所讚，「無說無聞，是真般若」。雪竇指出，須菩提善說般若，不說體用。只要理解了這點，也就理解了智門蚌含明月、兔子懷胎的意旨。

「蚌含玄兔深深意，曾與禪家作戰爭。」雖然智門之意不在言句上，但言句上卻有深遠含意，此「深深意」即是：「般若為佛智，乃無我、無心之無分別智。此公案中，僧分別般若之體用而問，智門則以體用不離作答。即蚌含中秋之明月而生明珠，兔吞中秋之明月而懷胎，以前者為般若之體，後者為般若之用；然而蚌兔雖異，能照之明月則無二。蓋僧分別般若之體用，智門則超體絕用，直接以明月之無心而普照萬象，提示般若大智慧之當體。」（《佛光大辭典》第5023頁）一般人對此「深深意」不能了解，爭來爭去，對這則公案浩浩商量，卻很少能夠真正地理解。

雪竇此頌，借用須菩提宴坐諸天雨花典故相形，使人鮮

明而真切地感受到般若「絕謂情」的特徵。後二句進一步掃除情解，謂「蚌含明月」、「兔子懷胎」雖有「深意」，天下禪人卻不可以情塵意想來揣度，必須以灑灑落落的襟懷來領受，方為究竟。

㈤南北圓融

　　表徵南北圓融、超越空間禪悟體驗的，有「不是心佛物」公案及頌古。《碧巖錄》第28則：

　　　　南泉參百丈涅槃和尚，丈問：「從上諸聖，還有不為人說的法麼？」泉云：「有。」丈云：「作麼生是不為人說的法？」泉云：「不是心，不是佛，不是物。」丈云：「說了也。」泉云：「某甲只恁麼，和尚作麼生？」丈云：「我又不是大善知識，爭知有說不說。」泉云：「某甲不會。」丈云：「我太殺為爾說了也！」

本則公案發生時，南泉已參見過馬祖，正往諸方參訪名師。百丈提出這個問題，一般的人殊難應對。如果是位宗師，便會立即識破他的用心。南泉當時見地還有限，根據自己的體會說「有」，顯得魯莽輕率。百丈將錯就錯，問「什麼是不為人說的法」，南泉說：「不是心，不是佛，不是物。」可謂貪觀天上月，失卻掌中珠。百丈說：「你已經說出來了。」南泉也知道變通，便隨後一拶說：「我只這麼講，你要怎麼講？」若

換了別人，未免手足無措，百丈不愧是宗師，說：「我又不是
大善知識，爭知有說不說。」回答得很恰當。南泉不解，百丈
又說：「我替你說得太過頭了。」本則公案中前部分兩人都是
大家作略，後部分兩人都予放過。雪竇頌云：

> 祖佛從來不為人，衲僧今古競頭走。
> 明鏡當臺列像殊，一一面南看北斗。
> 斗柄垂，無處討，拈得鼻孔失卻口。

「佛祖從來不為人，衲僧今古競頭走。」佛陀儘管留下了浩如
恆河沙數的經典，實際上四十九年間卻未曾說一字。「不為人」
之語，意味殊深。禪宗常說不可以言句誤人。在禪宗看來，
當學人問禪問道時，劈脊便棒，才是親切「為人」處。既然
佛祖不絮絮叨叨地「為人」，禪僧卻到處奔走，問是問非，豈
非南轅北轍，緣木求魚。

「明鏡當臺列像殊，一一面南看北斗。」《法句經》頌說：
「森羅及萬象，一法之所印。」悟者之心如明鏡當臺，清明地
輝映萬象。每個人都有一面明鏡，森羅萬象，長短方圓，在
其中一一顯現。但你要是向長短方圓上求知解，終究摸索不
到。所以雪竇說雖然明鏡當臺，卻可面南看北斗。這是絕對
「無」的境界。二元意識有東西南北的區分，實則南北東西
都是人為定義出來的，是人的辨別心將這邊叫南那邊作北。
人心雖有高興、傷悲、愉快，事實上是將一心分為各種心而

已，本心則非喜非憂，非善非惡。此二句頌百丈逼拶南泉「我又不是大善知識，爭知有說不說」之語。百丈之答，將邏輯思維懸擱了起來，將說與不說的對象放進了括弧裡。

「斗柄垂，無處討，拈得鼻孔失卻口。」雪竇頌到這裡，擔心人們錯會，溺於死水，便隨說隨掃說，如今斗杓向南低垂，天色漸曙，北斗消失，你還向哪裡去看？你只要「拈得鼻孔」，明見自性，就會「失卻口」，廓爾忘言。否則，糾纏於言句，就與大道相遠。

此詩先以「祖佛從來不為人」指出禪不可說的根本原則，接著以「衲僧今古競頭走」形象地描摹出參禪者踏遍千山萬水求禪問道的失誤，之後呈顯出明鏡映群像、面南看北斗的現量境，啟發學人以慧眼作般若直觀，又擔心人們溺於死水，隨說隨掃，將讀者引向言亡慮絕的禪境。詩意一波三折，跳宕流轉。詩的重心，在於超越說與不說之境，而躍入面南看北斗的直觀，這是無南無北、亦南亦北的圓融互攝的境界，是華嚴珠網的至妙境。

㈥心境圓融

表達心境圓融禪悟體驗的有「百丈野鴨子」公案及頌古。《碧巖錄》第53則：

馬大師與百丈行次，見野鴨子飛過，大師云：「是什麼？」丈云：「野鴨子。」大師云：「什麼處去

也?」丈云:「飛過去也。」大師遂扭百丈鼻頭,丈作
忍痛聲。大師云:「何曾飛去?」

禪僧十二時中,時時以明心見性為念。馬祖與百丈同行,見
野鴨子飛過,馬祖當然知道是野鴨子,卻發問,問中自有深
意。馬祖問「是什麼」,直示出自性絕無隱秘,頭頭顯露,是
為了使百丈把握自性的真生命而促其注意。百丈也照著現實
本相答道:「是野鴨子。」若從法住法位的角度看,野鴨子即
是野鴨子。但若把野鴨子當作外境並認為牠是客觀存在物,
主客觀就因此分裂而陷於對立,違背了自性的本源。百丈的
心隨著野鴨子飛走,是心逐境轉,馬祖遂捏他鼻孔。百丈經
這一捏,豁然省悟到原來馬祖問野鴨子飛到哪裡去,並不是
要研究野鴨子的去向,因為野鴨子的動相是生滅法,馬祖是
要自己在問話上體悟到遍界不曾藏、法法常顯露、不生不滅
的自性。次日馬祖陞堂,百丈捲席,表現了大悟之人網羅不
住、自在玲瓏的風致。雪竇頌云:

　　野鴨子,知何許?馬祖見來相共語。
　　話盡山雲海月情,依前不會還飛去。
　　還飛去,卻把住。

雪竇劈頭便頌道:「野鴨子,知何許?」且道「野鴨子」到底
有多少隻?未悟之時,成群作隊;既悟之後,一隻也無!「馬

祖見來相共語」，頌馬祖問百丈「是什麼」，丈云「野鴨子」。
「話盡山雲海月情」，頌馬祖再問百丈「什麼處去」。馬祖點
撥百丈，如山雲海月那樣自然湧出，脫體現成，百丈卻依前
不會，還說「飛過去也」，再一次錯過了開悟機緣。「還飛去，
卻把住。」正當百丈心逐境遷時，馬祖大用顯發，一把捏住百
丈的鼻頭，將他的錯誤方向扭轉過來。然而百丈未了解馬祖
的用意，根據常識作答，等於肯定了生滅法，馬祖將他的鼻
子扭痛，提醒他肯定生滅法的錯誤。在他忍痛作聲的剎那，
作為百丈的主觀和作為野鴨子的客觀之對立就被粉碎了，百
丈的分別情識也被鏟除了。

　　此詩以「野鴨子，知何許」的欲擒故縱式句法，引導讀
者對公案進行體悟。並以「馬祖見來相共語」重現公案情景；
以「話盡山雲海月情」形容馬祖對百丈的誘導，綰合脫體現
成的禪機；以「還飛去」描摹百丈口吻，神情畢現；以「卻
把住」寫馬祖捏住百丈鼻頭，將其錯誤方向扭轉過來，從而
凸顯了公案禪機：體得萬境悉是真如而現前時，心境一如，
萬境即是自己，自己即是萬境。

後　記

　　我自幼生長在風光旖旎的江南水鄉，安徽蕪湖的赭山鏡湖留下了我大學時代的夢痕心影。我的老師余恕誠、劉學鍇、趙其鈞、王明居等，都給我以良好的教益。余先生、劉先生是李商隱研究專家，趙先生是唐代絕句專家，王先生是美學專家。其研究成果，在海內外有口皆碑。親炙良師的法席，為我的學術研究打下了良好的基礎。

　　弱冠之年，我遠遊長安，師從霍松林先生研治古典文學。1987年畢業，獲文學碩士學位。畢業後的一年裡，我全力以赴地從事霍先生主編的《萬首唐人絕句校注集評》工作，完成了其中二百餘萬字的書稿的撰寫。

　　在研治古典文學的過程中，我對禪宗產生了濃厚的興趣。1992年，出版了《禪的夢》、《禪門妙語》、《禪門公案》等書。1996年，我再次師從霍先生，攻讀博士學位。在此期間，我為臺灣佛光出版社組織編寫了大型叢書《中國佛教高僧全集》中的五十一本，並撰寫了《佛緣叢書》（一套六本）等著作。在作學位論文時，我決定研究禪宗詩歌。1999年畢業，獲文學博士學位；2000年，我進入中國人民大學哲學博士後流動站，從事研究工作。來京之後，我得以求教於著名學者黃心川、湯一介、杜繼文、方立天、樓宇烈、楊曾文、王生平、

萬俊人、王曉朝、李富華、方廣錩、魏道儒等先生，受益良多。黃夏年、宋立道、周齊、華方田、徐文明、程恭讓等一大批年輕學者，也給了我很多幫助。2001年夏天，我的博士論文及博士後研究的部分成果，以禪學三書的形式在中華書局出版，它們分別是：《禪宗思想淵源》、《禪宗哲學象徵》、《禪宗詩歌境界》。方立天教授撥冗賜序，給予了較好的評價。

禪學三書2001年6月在中華書局出版，當年的9月即進行了第二次印刷，可見讀者了解禪宗思想、哲學、詩歌興趣的強烈。三書出版後，《人民日報》、《光明日報》、《中國青年報》、《中華讀書報》、《法音》、《禪》雜誌、《覺群》、《華林》、《書品》、《中國圖書評論》、《世界宗教研究》、《哲學研究》等報紙、雜誌，都發表了報導、評論。

讀者的歡迎，既是對我研究成果的充分肯定，也是對我研究工作的最大鼓勵。由於特殊的學術經歷，我對禪宗除了研究之外，更多地抱有「同情之理解」，更多地進行體證。哲學給了我冷靜深透的思辯素質，而文學則給了我夢筆生花的通脫性靈。將兩者圓融，一直是我努力的方向。

於是我想到，禪學三書作為我的學位論文，走的是學術的、理論的路子。禪宗的理論固然深刻，但它之所以對中國文化產生長遠而巨大的影響，卻不僅僅是因為它理論的周密，更是因為它的機鋒智慧，它的實踐修持，它的通靈感悟。雖然讀者對禪學三書反應相當熱烈，如果用更加直截了當、生動活潑的形式，來介紹禪宗，豈不是更好？

　　正當我有這種想法的時候,東大圖書公司寄來了約稿信,說書局正著手編印一套宗教文庫。用現代人易於接受的形式,介紹禪宗思想、歷史、精神、文化、智慧、機鋒、神韻。使禪宗在當代社會煥發出奇光異彩,是該文庫的宗旨。我毫不遲疑地接受了任務。東大圖書公司契合現代人的根機,把握時代潮流,推出這套叢書,其眼光、魄力,都是令人激賞的。並且,這種做法,也符合現當代佛教的主流人間佛教精神。

　　於是,我撰寫了宗教文庫中的三本,這就是《經典禪詩》、《經典頌古》、《經典禪語》。關於這三書的內容,在各書的前言裡都已經分別交代了,這裡不再贅言。希望讀者通過這三本書,能夠對禪宗的精髓有親切而深入的領略、體會。

　　2001年6月,我在京拜訪了中國佛教協會副會長、柏林禪寺住持、河北禪學研究所所長淨慧法師。受法師的邀請,我參加了柏林寺第九屆生活禪夏令營,給學員們舉辦了禪學講座。在此期間,法師聘請我擔任河北禪學研究所常務副所長。雖然我能力有限,仍義不容辭地答應了。之所以答應,是出於對法師慧眼相許的敬重。法師是僧界領袖,在教界、學界都享有盛譽。法師提倡的生活禪舉世皆知,其弘揚禪宗文化、激勵學術研究的善舉,也深為大家所敬仰。日前,河北禪學研究所主辦的《中國禪學》大型學術刊物,在海內外知名學者的支持下,順利創刊,由中華書局出版;淨慧法師主持的數部大型禪學叢書也正在撰寫之中。而這三本著作,則可以看成是我對淨慧法師的衷心祝福。同時,我也衷心祝願東大

圖書公司事業蒸蒸日上，為現代人源源不斷地提供更多、更好的精神食糧。

　　是為記。

吳言生

2002年9月9日於佛音閣

改變歷史的佛教高僧　于凌波／著

大法東來，經典流布
佛門龍象，延佛慧命

佛教的種子傳入中國之後，所以能在中國的土壤紮根生長，實在是因為佛門高僧輩出。他們藉由佛經的翻譯及法義的傳播來開拓佛法，使佛教蓬勃發展。當我們追懷魏晉南北朝時代的佛教及那個時代的高僧時，也盼古代佛門龍象那種旺盛的開拓精神可以再現，為佛法注入新的生命。

伊斯蘭教與中國社會　葛壯／著

堅定信仰真主的力量
成為優越奮發的穆斯林

曾經有一個虔誠的穆斯林說：「如果我信仰真主，當然是我優越，如果我不信仰真主，這條狗就比我優越。」就因為穆斯林們的堅定信仰，使得阿拉伯的伊斯蘭文化不斷地在中國各地傳播，並與中國各朝代的商業、政治、文化及社會產生了密切的互動。且讓我們走進歷史的事蹟裡，一探穆斯林在中國社會中的信仰點滴。

從印度佛教到泰國佛教

宋立道／著

一尊獨一無二的翡翠玉佛
一段古老而深遠的佛教傳播

南傳佛教歷經兩千餘年的發展，堅定地在東南亞大陸站穩腳跟，成為當地傳統文化的主流，不僅支配人們的道德觀念、影響人們的生活情趣，更成為泰國政治意識型態的一部分。藉由玉佛的故事，且看一代聖教如何滲透到東南亞社會的政治、歷史與文化各方面，以及宗教在人類創造活動中的偉大作用。

印度教導論

摩訶提瓦／著　林煌洲／譯

若可實踐正確之身心鍛鍊
則真實之洞見將隨之而生

由正當的語言、思想及行為著手，積極地提升自己的內在精神，寬容並尊重各種多元的思想，進而使智慧開顯豁達，體悟真理的奧祕，這就是印度教。印度教強調以各種方法去經驗實在及實踐愛，而這正是本書力求把印度教介紹給世人的寫作動力。藉由詳盡的闡釋，本書已提供了一條通往永恆及良善生活方式的線索。

國家圖書館出版品預行編目資料

經典頌古／吳言生著.－－初版一刷.－－臺北市；東
大，2002
　　　面；　　公分－－（宗教文庫）

ISBN 957-19-2723-6　（平裝）

1.禪宗

226.6　　　　　　　　　　　　　　91018498

網路書店位址　http：// www. sanmin. com. tw

ⓒ　經　典　頌　古

著作人　吳言生
發行人　劉仲文
著作財　東大圖書股份有限公司
產權人　臺北市復興北路三八六號
發行所　東大圖書股份有限公司
　　　　地址／臺北市復興北路三八六號
　　　　電話／二五〇〇六六〇〇
　　　　郵撥／〇一〇七一七五——〇號
印刷所　東大圖書股份有限公司
門市部　復北店／臺北市復興北路三八六號
　　　　重南店／臺北市重慶南路一段六十一號
初版一刷　西元二〇〇二年十一月
編　號　E 22076
基本定價　參元陸角
行政院新聞局登記證局版臺業字第〇一九七號